U0931335

木沐 — 编著

决定你人生的不是天赋而是努力

江苏凤凰文艺出版社
JIANGSU PHOENIX LITERATURE AND ART PUBLISHING LTD

图书在版编目（CIP）数据

决定你人生的不是天赋，而是努力 / 木沐编著 . -- 南京：江苏凤凰文艺出版社，2018.8

ISBN 978-7-5594-2380-1

Ⅰ . ①决… Ⅱ . ①木… Ⅲ . ①成功心理－通俗读物 Ⅳ . ① B848.4-49

中国版本图书馆 CIP数据核字（2018）第 162807号

书　　名	决定你人生的不是天赋，而是努力
编　　著	木　沐
策划编辑	李　根
责任编辑	袁　媛　姚　丽
出版发行	江苏凤凰文艺出版社
出版社地址	南京市中央路 165号，邮编：210009
出版社网址	http://www.jswenyi.com
印　　刷	北京竹曦印务有限公司
开　　本	700 × 990毫米　1/16
印　　张	17
字　　数	230千字
版　　次	2018年 8月第 1版　2018年 8月第 1次印刷
标准书号	ISBN 978-7-5594-2380-1
定　　价	38.00元

前　言

在现实生活中，我们摸爬滚打了许多年，却始终找不到前进的方向，于是，我们开始迷茫，开始逃避，开始悲观厌世，开始抱怨这个世界是不是亏欠了我们什么。这是极其错误的做法，因为这样会让我们陷入迷茫和彷徨，找不到前进的方向。

其实，没有人能告诉我们该怎么办，因为没有谁能代替别人，只有自己才能为自己的人生负责。所谓的人生大赢家，并不在于你是谁，你的天赋有多高，你做了什么事，而在于你在自己选择的道路上，是否拥有一颗强大的内心，是否坚持不懈地努力。

因为天赋、颜值和才华或许终究只是迈入成功考场的入场券，而决定你成败，决定你能走多远站多高的，永远是你对待人生的态度。唯有为清清楚楚的现在努力，才能完成人生的跨越。

我们辛辛苦苦来到这个世界上，不是为了每天看到那些不美好而伤心痛绝的，不要把时间都用来悲伤低落，世间有很多的美好，只要我们用心，就能发现。谁不曾感到过失望，谁不曾辜负过青春，在狠狠绝望过一回后，就要突然醒悟般走向未来的生活。

有梦想就去努力，因为人这一辈子很短，现在不去努力，也许就再也没有机会了。不要让将来的你为现在的自己遗憾，你要去相信，只要现在努力拼搏，将来的你一定会感谢现在的自己。毕竟，我们这一生，想要成为什么样的人，想要过上什么样的生活，都只与自己有关，没有人可以给我们提供标准模板。只有努力，我们才配有未来，才能过上自己想要的生活。

林清玄说："我，宁与微笑的自己做搭档，也不与烦恼的自己同住。我，要不断地与太阳赛跑，不断地穿过泥泞的路，看着远处的光明。"是啊，不管外面天气怎样，别忘了带上自己的阳光，愿我们成为自己想要成为的样子，不畏将来，不念过去，做自己想做的事，爱自己想爱的人，接受自己最真实的样子。

该花的心血一定要投入，该有的过程一定要经过。因为人生充满各种变数，一个人的成败与否，不单看他的资质，还要看他是否勇敢。若想成大事，就必须日积月累地做好准备，绝对不能躺在那里等待。千万人阻挡你不可怕，可怕的是自己选择投降。

当然，我们要明白，许多的努力不是一下子看到成果，需要耐心和坚忍。坚持到底就是胜利。只要愿意付出坚持的代价，你终究可以享受到成功的甘甜。

你可能天赋不高，练习飞翔无数次，跌落了无数次又爬起来，当你信心满满站在崖边试飞的时候，依然重重地跌落悬崖，这没有关系。因为时光没有让一切的付出就此结束，努力从来都不会辜负你，只有你坚持了，付出了，就一定会有回报。

目　录

第一章　你只需努力，剩下的交给时光

第二章　我的心情我做主，生气不如争气

第三章 不逼自己一把，就不知道自己有多出色

第四章 不怕千万人阻挡，只怕自己投降

第五章 即使卑微，也要活出灵魂的质量

第六章 掌控自己，该奋斗的年龄不要选择安逸

第七章 你比想象中强大，要敢和别人不一样

第八章 不要在乎别人的目光，要知道自己该做什么

第九章 找靠谱的人做事，和聪明的人聊天

第十二章 不抛弃，不放弃，一个人拼的就是坚持

第十三章 一路坚守，一路向前，没有到不了的明天

第一章

你只需努力，剩下的交给时光

不是第一，就要努力成为第一；而即使你是第一，也永远可以做得更好。要知道，山外有山，天外有天。如果你现在正在埋怨命运不眷顾，那就要记住，命是失败者的借口，运是成功者的谦辞。努力才是人生的态度，唯有为清清楚楚的现在努力，才能完成人生的跨越。

因为平凡，所以要坚持努力

作家梁晓声在一所大学演讲后，一名大一新生问他，“最迟在三十五岁以前，如果我还不能使自己脱离平凡，我就自杀”。几年过去后，这个年轻人未必这么想了，但他喊出了许多人对平凡人生不敢说出来的恐惧乃至敌意，让人唏嘘，也让人深思。

其实，人不甘于平凡，希望人生保持一个向上的姿态，是生命内在的动力，也是社会进步的阶梯。然而，当人们被名声所累，就容易陷入功利的泥淖中，把平凡的人生看得丑陋粗鄙。

最近，一个朋友整天和我抱怨自己哪都不如别人，哪都过得不顺心，谁又给她委屈了等等诸如此类的事情，刚开始还能好好地听她说说并劝慰一番，可时间一长，连自己都觉得没意思了。因为我们都是凡人，只有坚持努力，才能不断地提升自己。对遇到的问题，要设法解决而不是逃避，要学着去总结，然后在此过程中慢慢地找寻更好的方法。

这是一个看脸的时代，平凡的你我，没有家境，没有背景，没有很牛的叔叔伯伯等熟人。所以努力可能是唯一的出路。

小时候，我的梦想是赚很多钱；长大一点，我的梦想是可以轻松一点地赚很多钱；再后来，我的梦想是力所能及地赚很多钱。我们始终都在选择与被选择的路上奔跑着，而始终引领我们自己的，是藏在表象下的那颗心。

我只是平凡人，藏有一些小小的梦想，有时有点卑微，有时也会豪情万丈；我只是平凡人，不会满足你太多欲望，有时有点懦弱，有时却无比的顽强。生活中有多少平凡的人，就像小草一样不起眼。他们做着默默无闻的工作，但是却让这个时代变得更加精彩。

每个人都是一个演员，都在努力地上演着自己的人生，只是有的人演的是一般平凡的人，有的人是努力向上的平凡的人。而那些在镁光灯之下的是少有的成功人士。我没法预测什么时候镁光灯会照到我，但我要坚持，当镁光灯扫到我的时候，努力鼓起勇气去做最大的跳跃。

其实，不论我们处于什么样的起点，努力都是不坏的选择。有句格言说得好，如果这个世界上真有奇迹，那只是努力的另一个名字。我们的世界，从来就是由平凡的大多数构成的。对于大多数人来说，平凡的日子将相伴一生。即便是那些功成名就的人，平凡依然是人生不可分割的精神底色。既然如此，那就努力做个有韧性不任性的人。直到看到曙光，直到你的努力终于丰盈和滋润了你的生命。

我不相信选择可以决定一辈子这种事，但我相信，你是什么样的人，生活就会把你引到什么样的路上。这个世界上没有做不好的人，只有做不好的事。如何让自己不为曾经的选择所后悔？当前唯一可做的，就是坚持，相信努力奋斗的意义。

人生的路很长，成长的步伐需要一步一个脚印，别人所能教给你的只是方法，而努力只有靠自己坚定的心。无论成功或失败，人的尊严和价值，都不能随便被其他人以某个标准来定义。

无论你走得多远，平凡人生就在那里。每个人面前都有一条未知的路，不管你走上了哪条岔路，你一定要相信，态度和性格最终还是会把你引到那条成功的路上，从现在就开始努力吧！

每一次挑战，都是成功的前奏

人的一生要经历许许多多的挑战，没有哪一个人的一生是完美无缺的。面对生活中种种不可避免的挑战，我们要以微笑和自信来迎接与战胜它们。困难就像一个弹簧，你强它就弱，你弱它就强。只要勇敢去面对，努力去奋斗，才有可能取得成功。

马云说过，“成功没有捷径，只有绝境，看你在这个绝境中怎样拔地而起”。对于每个想干事的年轻人来说，一定要脚踏实地，认认真真做事，不要好高骛远。一个人如果没有生活的沉淀是不完整的，很难达到一个高峰。

每经历一件事，就是人生的一次挑战，就是对人生的一种提升。因此，重要的是要先搞清楚自己所处的位置，才知道以后要往哪里去；知道了要往哪里去，才能去思考切实可行的方法，提升自己。每个人都有选择的机会，你的选择就决定了你的人生将向哪个方向发展。

在奥巴马当选美国总统时，他发表了一篇震撼人心的演说。其中一句几乎被所有美国人乃至所有关注大选的人记住，那就是“Yes，I can.”这简短、有力的一句话，似乎有战胜一切苦难的力量，让紧捏着钱包挨日子的人们热泪盈眶。

成功的人生，不在于一次重拳出击，而在于面对挑战和压力还能坚持走下去。在岁月的土壤里，挑战正是我们最肥沃的养料，我们的生命之树因之而郁郁葱葱。

其实，每个人都有无限的潜能，很多时候我们需要给自己一些挑战，需要给自己一个机会，只有这样，才能彻底激发出内在的巨大能量，否则，我们永远不知道自己能有多强大。我们之所以被困难和挫折吓倒，并不是因为我们实力不强，而是因为没有坚持心中那个最初的信念。

这就像在陡坡上骑自行车一样，当你觉得实在无力支撑想要放弃的时候，咬紧牙关，再使把劲，终有一刻你必能登上山顶。倘若信念崩塌，车一旦停下，想要再继续往上骑便是难上加难了。

提到美国作家海明威的《老人与海》，大家都不陌生。故事的情节并不出彩，情节铺叙也相对简单，只描绘了一次出海的经历。但是故事中细致入微的心理描写注定了它是一部伟大的作品，直到今天它仍被各国的读者津津乐道。

故事的主角是名老人，在他与大海搏斗的故事中透着一种难以名状的孤独。老人是平凡的，但他在与大自然搏斗时所流露出的坚韧不拔的品质，早已超越其本身。不论是面对着和船差不多大的大马林鱼，还是伺机而动的鲨鱼群，老人都从未退缩过。虽然他丢掉了趁手的鱼叉和尖刀，但转眼一柄断桨又成了得力的武器。他，桑提亚哥从没放弃过战斗，伤痛不能击垮他的意志，这种坚定的意志使他在角逐中胜出。

当他回到港口时，已是两手空空，且身心疲惫。虽然故事到此就戛然而止，但我相信下一次太阳升起的时候，海岸边仍能出现老人坚毅的背影。

困难其实不可怕，可怕的是逃避困难，只有战胜自己，才能打开胜利的大门。当下一次挑战来临的时候，别再躲躲闪闪，别再仓皇逃窜，要主动向它发起攻击。只要你肯相信自己，不断地努力付出，哪怕你现在的人生是从零开始，你都可以做得到。那些转错的弯，那些走错的路，那些流下的泪水，那些滴下的汗水，那些留下的伤痕，会让你成为独一无二的自己。

要知道，每一次挑战困难的过程，都是在超越自我，很多时候成败往往就在一念之间，唯有“咬定青山不放松”，我们才能最终突破自己，续写辉煌！

改变人生从改变自己开始

如果你去问你身边的某个人，问他对于自己的现状是否满意，我想你得到的大部分答案都是否定的。一个人要获得成功必须要付出努力，然而很多时候，我们也付出了很多的努力却并没有获得期望的成功，这里有一个方向的问题。

如果方向不正确，越努力，结果离目标越远。所以，不同的选择成就不一样的人生。我们今天的一个正确选择，努力去坚持，就会出现明日的辉煌；而今天一个错误的选择，不断努力去做，却只能使你错得更加离谱。

大多数人想要改造这个世界，但却罕有人想改造自己。有时候迫切应该改变的，或许不是环境，而是我们自己。所以，正确的选择是搞明白自己想要的，一定要的，必定能得到的。而成功的确很简单，就是要懂得改变自己，懂得坚持不放弃。

一个人要在这个世界上立足，社会中生存，最好的方法就是不断地学习与改变自己。若想改变我们自己，首先要正确认识自己，敢于否定自己。人们之所以看不到自己的缺点，是因为自己所定的目标没有变，或者是很低，如果你能够提升衡量自己的标准，就会发现自己存在很多不足。

很多成功人士之所以能够获得成功，一方面是与自己的努力拼搏有关，最重要的一点是他们不断地反省自己，找自己存在的不足，只有不断地总结、改进，才会一步步地走向成功的彼岸。

另外，改变自己还需要有个参照物，就是多看别人的长处。毕竟人各有长短，要看到别人的长处，学习别人的长处，对照检查自己，有助于自己进步。

在生活中，太多的人养成了专挑别人毛病的习惯，用自己之长比他人之短，这种精神上的麻醉只能使自己更加颓废，只后退不前进。如果我们能够认真学习他人的长处，就是在寻求进步，在改变自己。

有人会问，改变自己是否要失去自我？其实，改变自己并不意味着就失去了自我，放弃了做人的原则，把自己的优点也改变了。只有自己改掉自己不好的，才能留下更好的，只有知道了什么是不变的，才能找到自己哪些是需要改变的。

可以说，每个人的人生开始都是不可选择的，但是人生的走向却是自己可以选择的。在自己的环境里会给自己带来舒适的感觉，但是能过不一样的人生也是人的追求。想要成为一个成功的人士吗？那就要改变自己。

1. 从所在的地方开始改变

不必幻想未来你才能变好变强，如果你跟周围的人相处不好，那么不管去了哪里也是如此。不会游泳的人，要学会的是游泳的技巧，而不是更换游泳池。如果你的心中有爱，无论在何处，都会温暖如春。想要扬名千里，就从你所在的地方开始改变。

2. 不要总是回首

有一位名人说过，“时间的步伐有三种，分别是未来姗姗来迟，现在像箭一般飞逝，过去永远静立不动”。的确，过去的是永远过去了，你上一刻的辉煌并不能代表你这一刻的能力，感慨过去，其实是一种停止进步的表现。

如果老是强调过去，你就永远只能在原地停滞不前。关好走过的每一道门，不要往后看。回顾过去，难免会有空虚和失落。不管你曾经有过怎么样的辉煌，创造过多么瞩目的业绩，当你到达一个新环境之后，你都必须重新开始，以一种谦虚的态度面对工作。不要总在过去的回忆里缠绵，毕竟昨天的太阳晒不干今天的衣裳。

3. 尊重自己，低调做人

生活中，人们似乎都想寻觅一份永恒的快乐与幸福，总希望自己的付出能够得到相应的回报。然而，生活并不像我们想象的那样一马平川，当努力被现实击碎，当理想化为泡影，那些习惯于策马扬鞭的高调者或许会因为经受不住打击而败下阵来，丧失生活的斗志，而尊重自己的人，懂得缩小自己，谦卑低调做人，能够以一种从容淡定的胸怀笑看失败，继续前行，直至获得成功。

4. 有不满足的精神

在这个充满挑战和竞争的时代，不进则退，慢进也是退。是小成即满、小富即安、甘于平庸，还是自我加压、永不满足、追求卓越？答案自然是追求卓越、扬威奋进！

追求卓越是一种积极的人生态度，是一种永不满足，力求完美的进取精神。一个没有追求或者目标很低的人，很容易在工作中迷失方向，丧失动力，最后一事无成。反之，追求的目标越高，动力也就越大，成功的可能性也就越大。不管我们取得了多少成功，都不要洋洋得意，沾沾自喜。只有不断地改变自己，才能向着更高的目标迈进。

5. 做自己喜欢的事

人既然活着，始终是要做一些事情的，于是便有了诸多的梦想与追求的可能，并随之产生了形形色色、各式各样的人生。当一个人怀揣梦想踏上人生这列未知航程，真正经历了世间的风风雨雨、艰难困苦以后，如若还能够保持以往最初的激情，这个人活的是真诚的，幸福的。

有人说，幸福是品尝山珍海味；有人说，幸福是看尽世间美丽；也有人说，幸福是拥有金山银山。然而我要说，这些不一定就是真正拥有了幸福！什么是幸福？幸福就是做自己喜欢的事情。的确，做自己喜欢的事是自由，喜欢自己做的事是幸福。如果可以的话，努力往自己喜欢的路上走，做自己喜欢的事情。这才能拥有最快乐的人生。

6. 不要太在乎当下的不如意

或许现在的你活得很累，觉得自己很委屈。但想想几年之后，自己成功的情景，现在经受的苦和累算得了什么呢？在这个世界上，有许多事情是我们很难预料的，我们总会遇到很多不如意的事。我们不能控制际遇，却可以掌握自己；我们无法预知未来，却可以把握现在；我们不知道生命有多长，但我们却可以安排当下的生活。我们无法避免逆境与困难，那就迎难而上，获取新的生活！

当你遇到一些不如意的事情，不管是经济问题还是工作问题，不要因为这些就放弃了自己的信仰和梦想。应该充满希望地对待一切，这样你的内心才能更加强大，你的爱和隐忍让你成为更加优秀的人。所以不要太在乎现在的不如意，一切总会过去的！

唯有努力，才能完成人生的跨越

看着别人住洋房、开豪车、穿名牌、吃大餐，而你只能租公寓、挤地铁、穿杂牌、吃泡面，你是否心有不忿？人与人的差距为何那么大？

其实，做人智商高不高没关系，情商高不高也问题不大，但做人的格局一定要大，说白了，你可以不聪明，也可以不懂交际，但一定要大气。如果一点点挫折就让你爬不起来，如果一两句坏话就让你不能释怀，如果动不动就憎恨别人，那格局就太小了。

要记住，越努力就会越幸运。放下你的浮躁，放下你的懒惰，放下你的三分钟热度，放空你禁不住诱惑的大脑，放开你容易被任何事物吸引的眼睛。静下心来好好做你该做的事，该好好努力了！有时在你努力后，就会发现自己要比想象中优秀很多。

其实，走向成功是一个渐进的过程，只有很少的人能一跃就成为他们那行最出色的。你要一直不停地努力，先成为你们办公室最好的，再成为你们公司最好的，最后成为你们行业最好的。

每个人都想要成功。大多数人却不晓得成功的背后往往要付出代价。看着别人功成名就，口水直流。事实告诉了这类人一个深刻的道理——想要成功，就要从现在开始努力。

古时候，状元和榜眼金榜题名，摇身变成达官贵人。试想，没有背后的寒窗苦读，是很难成功的。美国的约翰森是驰名世界的美国《黑人文摘》杂志的创始人。他靠着母亲送他的那句话——“你努力了吗？”绝处逢生，走出人生的低谷，创造出一个又一个的人生辉煌。

“把握生命里的每一分钟，全力以赴我们心中的梦。不经历风雨，怎么见彩虹，没有人能随随便便成功……”每当我听到成龙唱的《真心英雄》这首歌，心中的敬佩之情油然而生。的确，不经历风雨，怎么享受生活的美好；不辛苦付出，怎么知道磨砺的艰苦。当你很努力很用心地去工作去拼搏，当你挥洒着汗水默默地奋斗，所有的困难会迎刃而解，成功就会向你招手。

有一对夫妻做过各行各业的生意，大部分以失败而告终。开过餐馆、做过名牌的鞋子、炒过房子，亏了很多的钱。可是他们没有退缩，没有失去信心。每次投资做生意，他们都会投入大量的精力与财力。看到别人做服装好，他们又做起服装生意。

在生意不好的情况下，尽管收入惨淡，男人还是一次次往外跑。做服装三年，到最后以亏损收场。男人始终相信，在哪里跌倒就在哪里爬起。抱着再做一年的信心，功夫不负有心人，努力的人终于有了回报。他们成功了，在第四年的下半年，一个款式做了十一万件衣服，一个多月的时间赚了一百万。他们终于扬眉吐气，一扫往日愁容。

世上除了生死，其他的都是小事。不管遇到了什么烦心事，都不要自己为难自己。无论今天发生多么糟糕的事，都不要对生活失望。如果感到此时的自己很辛苦，那就告诉自己，容易走的都是下坡路！坚持住，走过去，就一定会有进步。只有靠着坚持不懈地努力，才能在自己的人生中留下坚实的足迹。

总之，不是第一，就要努力成为第一；即使你是第一，也永远可以做得更好。要知道，山外有山，天外有天。如果你现在正在埋怨命运的不眷顾，那就要记住，命是失败者的借口，运是成功者的谦词。努力才是人生的态度，唯有为清清楚楚的现在努力，才能完成人生的跨越。

你只需努力，剩下的交给时光

繁杂的社会，快节奏的时代，大家都在拼命地赶路。不断上涨的房价、物价，还有不断贬值的货币，让我们越来越辛苦，感到的是压力、冷漠、情绪化，继而对这个世界充满愤怒。孤独的我们只有在夜深人静时，短暂地逃离了忙碌的生活，才能清晰地看到内心里面真实的自己。

其实，成功自来便是苦差事，容不得取巧偷懒，任何心存侥幸欠下的债务，终将在措手不及的时候被迫偿还。世界就是这么残酷，与其愤怒抱怨，还不如继续坚持，继续努力。

别说你苦，别说你的梦想遥遥无期，这世界上比你苦的人多了去了，比你优秀的人也多了去了，可他们都在坚持为自己的目标战斗。

曾在新东方看到过这样一段话，“如果从一开始就选择可以自我实现的工作，并对所钟爱的工作全心投入，只要公司体制完善，机制健康，加薪晋职这些物质和精神的收获，就变成了随之而来的副产品。”的确，你只需低头努力，剩下的交给时光便可。当你累了的时候，不妨去听听歌，或者是去看看电影吧。但一定要记得，要有梦想并坚持向前。

古人有云，“宝剑锋从磨砺出，梅花香自苦寒来”。曾经的我们笨拙困苦到捉襟见肘，没有那么多的巧妙方法，更没有如今获取信息知识的便捷渠道，唯有孜孜不倦地努力，才创造了中华五千年灿烂的历史和文化。

你不对自己狠一点，就只能沦落为炮灰。只要你对未来还有所期望，自己还年轻，也还能折腾，就该努力一把。你只有努力，才配得上更好的生活，才有资格谈未来。

冯仑说过，“伟大都是熬出来的”。为什么用熬？因为普通人承受不了的委屈你要承受，普通人需要别人安慰鼓励，但你没有；普通人以消极指责来发泄情绪，但你必须看到爱和光，在任何事情上学会自我消化；普通人需要一副肩膀在脆弱的时候靠一靠，而你就是别人依靠的肩膀。

所以，年轻人，不要担心自己会吃苦，正是生活中的那些苦，才能激发我们向上的力量，使我们的意志更加坚强。瓜熟才能蒂落，水到才能渠成。和飞蛾一样，人的成长必须经历痛苦挣扎，直到双翅强壮后，才能振翅高飞。

不得不说，人和人的时间是不等值的。比如，凌晨四点半，大多数人还在梦中撒欢，哈佛大学却早已灯火通明。还有灌篮高手科比回答记者，每天都会在此时醒来去打球，不投进一千球绝不停止。这种不等值会随着时间流逝，把我们之间的距离拉得越来越远。

有一篇文章说，最好的休息不是睡觉，而是交换着去做其他的事情，其实这就是努力的一种真实写照吧。如果没有精神支撑，没有向上的心，那些成功的人怎么可能走得那么坚决，那么远？

生活是公平的，你选择了清闲，就肯定会有一个人替你担负重担。有些事情，你做了不一定能成功，但你不做就一定会是失败的。有人问过，什么是成功所必备的？答案是努力。的确，努力后必将成功，至于是大成功抑或是小成功，就要看天时地利人和。在正确的道路上不畏艰难困苦努力行走的旅人，路边秀丽的风景和路尽头醉人的美酒与欢呼，都会是终将得到，也必将得到的奖赏。

生活向来是一场颠沛流离的旅行，这一路实在苦短，越是憧憬，越要风雨兼程。在余下的时光，趁着岁月正好，带着内心热忱，朝心之所向往前奔跑吧！相信世界不曾亏欠每一个努力的人，也会记得每个人的梦想。

唤醒潜能，人生将无所不能

生活有时真的让人看不懂，你尽自己的最大努力辛辛苦苦地工作，但凡事却没有什么改观。而身边一些人，尤其是昔日的同学、朋友或邻里，似乎不费吹灰之力，一个接一个幸运当头，得其所愿。原因何在？

有些人往往把原因归结为自己能力有限，认为自己本就是不如别人。看到有些看似不如自己的人都活得比自己好，就把原因归结为命运。其实，他人可以成功，并不是他天生就比你能力强，更不是自己命该如此。

人人都渴望成功，但上苍并没有给我们一本成功指南，然而我们有能力战胜各方面的挑战。其实，最好的成功指南就在我们每个人自己的身上，只不过我们没有意识到，这本指南就是潜能。

要知道，强者之所以强，是因为他拿出了自己好的一面去面对生活，因而他才超越了所有人，激发了自己的潜能，活得更好。我们每个人的潜能都是无穷无尽的，然而能发挥多少，就全看自我认知了。不管你认定自己是个什么样的人，都会马上影响你对自己潜能的发挥。

人的一生就像是爬山，好的风景往往都是危险的地方。很多人因为惧怕危险而止步不前，只有一少部分人登到了顶峰，领略到了人间仙境一般的美景。真正的成功人生必定是由冒险堆积而成的高山。越是敢于冒险的人，越是能引爆自己的潜能。所以，失败者不是因为命运；成功者不是因为有异能。每个人都隐藏着惊人的潜能，任其埋没，就会平庸一生；激发潜能，就能辉煌一生。

成功学家拿破仑·希尔博士说过，“每一个人，即使是创造了辉煌成就的巨人，在他的一生中，利用自己大脑的潜能还不到百分之十”。心理学家耶尔说过，“人脑是一种比原子弹更具威力的心理炸弹，能在每个人封闭的力量内部引起分裂，相应地释放出巨大的能量”。

可见，人人都有巨大的潜能。人平常只要发挥了小部分潜能，就可能成为各行各业的排头兵；如果人能发挥大脑潜能的一半，将轻易学会多种语言，背诵整本百科全书，拿几个博士学位。

爱迪生小时候曾被学校的老师认为愚笨，因此失去了在正规学校受教育的机会。可是，他的母亲并没有因此而放弃对他的教育。在母亲的帮助下，经过独特的心脑潜能开发，爱迪生最终成为世界上最著名的发明大王，一生完成多种发明创造，他在留声机、电灯、电话、有声电影等许多项目上进行了开创性的发明，从根本上改善了人类生活的质量。

不得不说，很多人之所以普通，是因为他们没有激发出自己的潜能，他们不相信自己隐藏着惊人的潜能。所以，不要埋怨命运让自己成为凡人，也不要担心自己天生平庸，只要你唤醒心中的潜能，任何人都可以翻转自己的人生，过上梦寐以求的生活！

潜能它不是一直沉睡在你体内的，你只要掌握了方法就可以把它唤醒，让自己拥有一个全新的精彩人生。那么，我们该如何开发潜能呢？

1. 进入冥想的状态

一般来说，冥想是让自己停止知性和理性的意识。也就是说，要停止意识对外的一切活动，到达一种“忘我”的境界，是一种心灵自律行为。当然，这不是要你消失意识，而是在意识十分清醒的状态下，让潜在意识的活动更加敏锐与活跃，挖掘出另一个世界中的自己，激活自己的潜能。

2. 给自己营造一个内心圣殿

做过心理训练的人都知道，有一个很好的激发潜能的技巧——建立一个内心的圣殿，营造一个适宜的心理环境。这样，当我们面对现实中的种种困难时，可以有一个健康的心态，有利于潜能的激发。

3. 用镜子激发潜能

美国心理学家布里斯托总结出了一套用镜子激发人潜能的方法，具体做法如下：笔直地站立在镜子前面（镜子要能看到自己的上半身），昂首、挺胸、收腹，再做几次深呼吸，直到能够感受到一点自己的能力和决心，然后凝视自己的眼睛深处，告诉自己可以得到自己想要的东西，并大声说出这个东西的名字。这样每天早晚至少做两次，就可以激发出自己的潜在能量，而获得成功。

4. 腹式呼吸法

据研究，在 α 脑波状态下，大脑具有超强的学习能力和专注力，而腹式呼吸可以有效地激发出 α 脑波，唤醒你的潜能。正确的腹式呼吸法为：开始吸气时全身用力，此时肺部及腹部会因充满空气而鼓起，但还不能停止，仍然要使尽力气来持续吸气，不管有没有吸进空气，只管吸气再吸气。然后屏住气息四秒，此时身体会感到紧张。接着利用八秒的时间缓缓地将气吐出。吐气时宜慢且长而且不要中断。

5. 用音乐唤醒潜能

音乐对于人的身心具有切实的治疗作用。西方国家将音乐配合医疗方案，广泛应用于各种心理及生理治疗之中，这已不是新鲜的事了。所以，我们可以用音乐激发自己的潜能。

6. 适当的体育活动

适当的体育活动会使大脑高度兴奋，经常做体育运动，加快血液循环，新陈代谢速率增大，增强脑细胞的能力，左右手同时接受刺激，左右脑就可以协调发展，有利于开发潜能。

你的认真，让整个世界如临大敌

有一个青年人去问大画家阿尔道夫·门采尔一个问题，“我画一幅画往往只用一天的时间，可为什么卖掉它却要等上一年？”

门采尔回答道：“请你倒过来试试！你花一年的功夫去画，那么，你只需要一天的时间就可以卖掉它了！”

有些事情很简单，关键是看你有没有认真用心对待。做事认真是成功者的立身之本。人的各种素质必须在认真做事中形成，人的能力要在认真做事中发挥，人的成就只能在认真做事中取得，人的价值也只有在认真做事中才能得以实现。

在我们身边，那些做不成事情的人常常羡慕那些成功人士，他们不是从自身找原因，而是认为别人每天可以吃到天上掉下来的馅饼。这样想的人永远不可能成功，那些能够成事的人，他们一定有敏锐的眼光，有多样的方法，有一颗认真的心，用自己的聪明才智和可以利用的各种资源，使自己最终赢得人生胜局。

认真做事是面对现实，尊重客观，不做拔苗助长的傻事，不做脱离实际的蠢事。想在芸芸众生中出人头地，你想安富尊荣的期待会一直推动着你进步。你的梦中充满了光明和希望，你会追逐着它前进，因为你一直在跑。时间长了，你就跑在了前面，你的梦想就实现了。

一个人的态度很重要，如果他积极向上，这将成为他成功的筹码，这是一笔无可估量的财富，它引导成功的力量是巨大的。如果他三心二意，今天梦想这个明天期待那个，梦想着一事，却又从事另一事，这种努力是徒劳无功的，最后还有可能被人耻笑。

在日常的工作学习中，我们一定要摒弃得过且过的心态，本着认认真真的态度去学习，尽职尽责的态度去工作。把应该做的事情干好，能做到百分之百的绝对不以百分之九十九的标准去敷衍，这是最起码的要求。

认真是做事必须具备的最基本的态度，那些能够在自己涉足的领域中有所建树的人，都有一个共同点，就是具备认真做事的态度。

李昌钰被誉为“现场重建之王”。他说过，“作为事实认定者，无从去亲身经历逝去的历史。要确定真相，犹如历史考古一般，要通过事实遗留下来的残片去推断它的本来面目。”他认为，刑案现场好比一盘打散的拼图，其中有许多碎块已经散失，而刑事鉴识专家们要做的，就是用这些不完整的碎片去“拼一个图案”，还原事物本来的面貌。

一个和李昌钰搭档了很多年的美国警官问他破案的秘诀，他把自己的“秘诀”写出来给每一个警官看，这个秘诀就是“七看”。分别是俯瞰、站着看、弯着腰看、腰弯得更低地看、蹲着看、跪着看和坐着看。

这看似简单的一句话，实际上需要相当大的耐心。正是因为认真的工作态度，才使李昌钰博士每次都能发现别人发现不了的问题。所以，我们只有认真做事，才能在人生的舞台上走好每一步，扮演好每一个角色，尽快获得事业的成功，找到人生的幸福。

我们都在不断舍弃，至少要留下梦想

马云在纽交所敲响上市钟前穿的T恤前后各写着一句话，分别是“梦想是一定要有的”和“万一实现了呢？”

很多人都有梦想，也为梦想打拼，而打拼了多年，可离梦想成真的日子却渐行渐远。于是，很多人累了，倦了，困惑了，迷茫了……是选择坚持梦想，还是选择放弃？是向左还是向右？这是很多人都面对的问题。

其实，我们都在不断舍弃，但至少请留下梦想。压力再大，也不能丢掉梦想。因为梦想能改变一个人的命运，也只有梦想才能改变我们的命运。

梦想是希望，是企盼，是美好的愿望，是富有诗意的憧憬。对很多人来说，最重要的不是得到金钱、名利、地位，而是在内心深处有一个永恒的美丽梦想。最悲哀的事不是没有奢华的生活，而是没有属于自己的梦想。梦想有大有小，也可大可小，但只要有梦想，就是幸福。

不要让梦想永远只是个梦想。如果你永远用同样的方式去碌碌无为地工作，就不可能获得成长。只有不断挑战自我，你才可以拥有完全不一样的人生。

有一个年近五十岁的朋友，虽然他的手指已经不再灵巧，可他最近却萌生了学习画画的想法，想成为画家，而且乐此不疲地去一个画室学习。最初，周围的人都感觉他是在附庸风雅而已。后来大家发现他变了很多，比如原本性格有些悲观的他，现在会在聚会中谈笑风生。好奇之余，就有人问他为什么如此快乐。

这位朋友说，他每到周末都去老师那里学画画，并在那里认识了一些朋友。虽然学画画累点，可生活充实了许多，最重要的是，感觉生活有了希望，有了奔头。

马云曾说过，“人可以十天不喝水，七八天不吃饭，两分钟不呼吸，但不能失去梦想一分钟。没有梦想比贫穷更可怕，因为这代表着对未来没有希望。一个人最可怕的是不知道自己干什么，有梦想就不在乎别人骂，知道自己要什么，最后才会坚持下去。”

的确，每个人都有梦想，都有雄心壮志，只要我们还去追，就不能轻言放弃。无论路途多么遥远，无论你背负多少，只要启程了，就不能停！

有一个老人，患了绝症，医生诊断他还有三个月的时间就要离世了。家人问他有什么心愿，他说，他要为自己写一本传记。

老人知道自己时日不多，为了实现这个梦想他天天拼命地写。因为年轻时没上过几天学，老人也不知什么叫文采，不知什么叫比喻，他所写的东西，无非是他以前日常生活中的一些零碎，可字里行间却十分感人。最重要的是写作让老人的生活变得充实快乐起来，在写作中，他重温着恋爱时的甜蜜，初为人父时的惊喜，柴米油盐中的幸福。

或许，老人一生有很多梦想都没有实现，但在他为最后的梦想而努力时，他所做的努力让他远离了病痛的折磨。老人离开这个世界的时候，是一脸的安详和幸福。因为他实现了最后的梦想——完成了自己的传记。

可见，我们只有拥有梦想才能有前进的动力，才有努力的方向。如果没有梦想，那么人生就没有方向，就会失去希望，更难以拥有快乐和幸福。

世界如此美好，活着为什么不去梦一场！梦想这件事，看似渺茫，但不试试又怎会知道。梦想不远，只有相信的人才能实现。你越是渴望实现你的梦想，你越是能向你的内心索要力量，那种感觉是取之不尽的。当你那样做时，你就会感到自己不再是那个甘于平庸的人。

每个人都有无限的成功潜能，你所羡慕的那些成功者并不是天赋比你出众，也不是背景比你优秀，他们只不过是向内心索要了力量，释放了自己的潜能罢了。不要羡慕他人，因为别人能做到的你也一样能做到。丢掉什么都可以，千万不要丢掉梦想，为了实现梦想，加油吧。

第二章

我的心情我做主，
生气不如争气

凡事别跟自己过不去，永远保持对生活的美好认识和执着追求。学会享受生活，才能懂得珍惜身边的一切，你的生活才会丰富多彩，你的生命也会更加富有内涵。要永远相信，人生没有太晚的开始，只要有明天就会有未来。

不要让愤怒的情绪害了你

在人类的情绪中，有一种罪恶叫作“愤怒”。心理学家认为：人并非天生就会愤怒，而是经由学习而得。可能曾经偶然生气而使心愿未遂，而导致愤怒的恶习。愤怒的种子一旦萌发，我们就会开始自我煎熬、焦虑，使自己的情绪陷于沮丧的谷底。

有的人很容易被激怒，一触即发；有的人永远一副受气包的模样，实际上是把愤怒压在心底；有的人在这里受了气，却到别处发泄；有的人明明是自己错了，却先发制人，转嫁责任……不得不说，愤怒是健康的杀手，是人际关系的红灯，是成功的绊脚石，是和睦家庭的原子弹。

有一位哲人说：“生气是拿别人的错误惩罚自己，是拒绝快乐与幸福。”本来别人犯错，他理应受到惩罚。但大多数时候，别人犯错，你自己却因为生气受到了惩罚。

从前，有只骆驼在沙漠中无力地向前走着。中午的太阳把骆驼晒得又饿又渴，它装了一肚子的火，却找不到发泄的地方。

这时，有一块小小的玻璃片把骆驼的脚掌硌了一下，骆驼顿时火冒三丈，抬起脚狠狠地将碎玻璃片踢了出去，却不小心将脚掌划开了一道深深的口子，鲜红的血液立刻把沙粒给染红了。

愤怒的骆驼疼痛无比，只能一拐一拐地向前走，身后留下了一串血痕，血痕引来了天空中的秃鹫，它们叫着在骆驼上方的天空中盘旋。骆驼心里一惊，不顾伤势狂奔起来，在沙漠上留下了一条长长的血痕。

跑到沙漠的边缘时，浓重的血腥味儿引来了附近的沙漠狼，疲惫加上流血过多，无力的骆驼在仓皇中跑到了一处食人蚁的巢穴附近。鲜血的腥味儿惹得食人蚁倾巢而出，黑压压地向骆驼扑了过去。不长的功夫，那只可怜的骆驼便满身是血，倒在了地上。

临死前，骆驼叹道："我为什么要跟一块小小的玻璃碎片生气啊？"骆驼虽然明白了不应该动不动就生气，但显然为时已晚。

有人说，偶尔的愤怒并不是坏事，因为人在生活中不可避免总会遇到一些让人愤怒的事，但如果你把愤怒当成家常便饭，那就大错特错了。当然，如果你长期压抑自己，不将愤怒发泄出来，对自己将会有很大的伤害，比如打击自尊，甚至伤害身体。所以，消除愤怒、缓解压抑情绪，对身心健康十分重要。

有一个年轻的庄稼汉，每当碰到与人发生纠纷快要起冲突时，他便立刻冲出现场，回到自家田园旁，绕着田地房舍跑，直到累得气喘吁吁，才坐在家门前静坐沉思。由于他很少与人结怨，或者对人大发脾气，因此人缘很好，事业比较顺心，房子一间一间地增建，田地不断扩充，不到几年，就成了富甲一方的大亨。即使成了有钱人，每当遇到不愉快的事情，他仍像以前一样转身就走，围着自己的田园跑。

有人问他为什么这样做，他道出了这数十年来的秘密。

原来，庄稼汉年轻时每次想要发火时，不管谁对谁错，他总是跑回家，边跑边告诉自己："我的房屋如此简陋，田地这么少，哪来闲工夫与人生气争吵？"等到有了点成就，庄稼汉又这样对自己说："我的事业都这么大了，还为这么一点小事与人争斗，度量也未免太小了吧。"就这样，一股似火山即将爆发的怒气，被他压了下去。

可见，面对愤怒，我们应该用理性的态度来面对它，让它发泄出来，或与对方讨论，找出原因，不能用偏激的方法来处理它。最好让自己冷静冷静，冷静后往往会有新的看法，这时再处理问题，也许会更理智些。

宽容处世，不因小事而生气

有些人总被身边的琐碎小事困扰着，常常气不打一处来，其实这样做没什么必要。如果我们有一点事就要大发脾气，难道就能解决问题吗？自然不可能，只会伤害自己的身体。这其实都是在惩罚自己。

人生不如意事十之八九，每个人都面临着各种烦恼：工作上杂乱的琐事，身体上偶尔的小疾，感情上的磕磕碰碰……这些麻烦往往如影相随，让人无法彻底甩掉。面对这些麻烦小事，我们不要生气，因为生气解决不了任何问题。我们需要像泰戈尔一样，把麻烦看做是生命中赖以表现自己韵律的一部分，以豁达、从容的心态来面对。

雨果曾经说过："世界上最宽阔的东西是海洋，比海洋更宽的是天空，比天空更宽的是人的胸怀。"宽容不仅是一种雅量、文明、胸怀，更是一种人生的境界。宽容了别人就等于宽容了自己，倘若没有宽容，我们将永远生活在仇恨的痛苦中，只有宽容，才能让我们不再在刀锋上行走。

人生是短暂的，在这有限的时间里，我们不要因为生活中的一些鸡毛蒜皮的小事而耿耿于怀。要知道，为这些小事而浪费时间、耗费精力是不值得的。

从前，有一个妇人遇到不顺心的事时就生气，和邻居、朋友的关系都搞得很僵，整天闷闷不乐。为了改掉这个毛病，她去找一位高僧求助。

“大师，我怎么总是生气，你能告诉我这是为什么吗？”

高僧把妇人带到了一个小柴房的门口说：“施主，请进。”

妇人虽然觉得很奇怪，但还是硬着头皮走进了柴房。

这时，高僧迅速把门关上并上了锁，接着便转身走了。

妇人一看，急了，开口就骂：“你个和尚，为什么把我关在里面啊？快放我出去……”

骂了很久，高僧也不理会。妇人又开始哀求，高僧仍然不加理会，最后妇人总算是沉默了。

高僧来到门外，问她：“你现在还生气吗？”

妇人说：“我在生我自己的气，我为什么会到这种鬼地方来受罪。”

“连自己都不能原谅的人怎么能够原谅别人呢？”高僧说完便离开了。

不久，高僧又来问她：“你现在还生气吗？”

“现在不生气了，气也没办法啊。”妇人说。

“你的气还没有消逝，还压在心里。”高僧说完又离开了。

当高僧第三次来到门前还没开口问，妇人便说：“我现在不生气了，原因是不值得气。”

可见，很多时候我们认为是别人伤害了我们，其实我们自身也有错误。毕竟，上帝对每个人都是公平的，只是每个人面对烦恼时，考虑问题的角度不同罢了。凡事应该多往好的方面想，才会“柳暗花明又一村”。

英国著名作家迪斯雷利曾经说过“为小事而生气的人生命是短促的。”既然如此，我们还要为了一些鸡毛蒜皮的事物，争执不休，徒然浪费许多有限的生命吗？答案自然是否定的。

在人的一生中，会有无数的琐碎小事发生。我们不该让小事绊住前进的脚步，不该让琐碎的烦恼浪费宝贵的时光。凡事要看得淡一些，在平凡中感受那份来自内心的宁静，简单和快乐才是最幸福的。我们应该抛开一切小事，忘掉一切烦恼，给自己的天空点缀绚丽的色彩，让自己的人生更加精彩。

我的心情我做主，生气不如争气

人生有顺境也有逆境，不可能处处都是逆境；人生有巅峰也有谷底，不可能处处都是谷底。不要因为顺境或巅峰就趾高气扬、不可一世；也不要因为逆境或低谷就垂头丧气，一副半死不活的样子。真正的人生需要磨炼，在挫折面前，如果只是一味地抱怨、生气，最终受伤害的也只有你自己。

不得不说，每个人在遇到一些不痛快的时候，都难免会生气。喜怒哀乐，人之常情，无可非议。但如果不适当控制自己的感情，生气之下，常会做出傻事，过后连自己都后悔。人最重要的是把握好自己的心态，以积极快乐的态度面对人生中的一切，这样我们的人生才会豁达明朗。

生气对我们有百害而无一利，正所谓“一怒一老，一笑一少”。我们生气一次就老化一分，笑一次就会年轻一分。近来，科学家们也通过研究证明了这种古人的智慧。换而言之，如果无法控制愤怒情绪，健康就会离我们越来越远。所以，当你跟别人发生争执的时候，一定要避免发生激烈的争吵，要学会在大怒时采取“缓兵之计”。

市场管理员老李在蔬菜区巡查，发现一个摊贩将菜筐摆在菜摊外面的通道上，影响了行人走动，他便要求摊贩把菜筐搬回去。但是那人却置之不理。老李便自己将筐推到摊位里面。但他刚转过身，菜贩又把筐推了出来。

结果，双方便争吵起来。老李非常生气，他当时的脸色特别不好看。见争执解决不了问题，老李便要摊贩跟他去市场管理办公室解决问题。两个人就一前一后地离开了蔬菜区。

刚走出几十米，走在后边的老李突然晃了几晃，一头栽倒在地。当急救人员赶到时，老李已停止了呼吸。原来，老李是因为心脑血管疾病而死的，这样的疾病最忌的就是大喜大悲和大怒。

俗话说："怒从心上起，恶向胆边生。"在日常生活中，不乏因为一点很小的事情而酿成大祸的例子。对每个人而言，在生活当中都应该少生气，不是因为你没有生气的理由，而是因为你没有生气的必要，因为生气是要付出代价的。

印度诗人泰戈尔曾经说过"不让自己快乐起来是人最大的罪过。"生气就是跟自己过不去，不懂得去争取、去改变，只会怨天尤人，你注定无法成为快乐的人。世界上没有爬不过去的火焰山，与其用痛苦一遍遍地折磨自己，还不如试着绕开它，做个聪明的人。

在战国时期，苏秦想有所作为，求见周天子，却没人引荐，于是他变卖家产周游列国，谋求出人头地的机会。但是他折腾了好几年，也没做成官。

后来，钱用光了，他只好灰溜溜地回家。家里人见他的狼狈样儿，都没给他好脸色。父母狠狠地骂了他一顿；妻子连看也不看他一眼；嫂子虽然给他做饭吃，却也不和他多说一句话。苏秦受了很大刺激，非常生气，很想发泄一番，但他知道和家里人生气没什么用，还不如争口气，找回自己的自尊。就这样，用了一年多的功夫，他的知识比以前丰富了许多。重新出游后，正好遇见燕昭王广招天下贤士，苏秦入燕拜相，深受燕昭王信任，取得了一番成就。

可见，在生活中，当你被冷落时，与其生气别人对自己的态度不好，抱怨环境的恶劣，不如奋发图强，自己争一口气，用成功来证明自己的实力。

何必那么较真，你可以不生气

在生活中，总是存在许多不如意的事情，不论是婚姻、生活还是工作，总有许多大大小小的事情让我们生气烦恼。你是否常小题大做，被情绪牵着鼻子走？你是否常为生活中的不完美耿耿于怀？

人无完人，生活也不可能尽善尽美。何必那么较真？对于一些不快和难堪的遭遇，我们应该用积极的心态去化解。这样你就会发现，当你不再为琐事而生气的时候，生活就会变得非常美好！

1980 年，美国总统大选期间，里根的竞选对手卡特在一次关键的电视辩论中抓住他的生活作风问题发起蓄意攻击。里根丝毫没有生气，只是微微一笑，诙谐地调侃说："你又来这一套了。"

一时间，听众哈哈大笑，为里根的精彩回答鼓起掌来。这样，卡特反而陷入了尴尬的境地。里根则为自己赢得了更多的信赖和支持，并最终获得大选的胜利。可见，不生气不仅是一种风度，还是一种精神力量。

不过，在现实生活中，总有些人会莫明其妙地生气，这多与个人的心态有关，心胸狭隘和自私常常是生气的根源。那么，如何才能做到不生气呢？

1. 头脑冷静，理智对待

常言道：智者以理智控制情绪，愚者以情绪控制理智。要善于控制和理顺自己的情绪，真正健康、有活力的人，是和自己情绪感觉充分在一起的人，是不会担心自己一旦情绪失控会影响到生活的，因为，他们懂得驾驭、协调和管理自己的情绪，让情绪为自己服务。这样一来，如果遇到不顺心的事，就能头脑冷静地处理，不至于生气，甚至暴怒。

2. 胸怀宽阔

中国有句俗语“大事清楚，小事糊涂”。意思是对一些原则性问题要清楚，处理要准确，而对生活中看不惯的错事、小事，不能较真，更不要往心里去，甚至对吃了亏该生气的事，也一笑了之。不管做人还是做事，都要高瞻远瞩，善于宽以待人，不要鼠目寸光，尽在琐碎小事上纠缠不休。

3. 遇事要“三思而后行”

歌德曾说“决定一个人的一生，以及整个命运的，只是一瞬间。”的确，往往一瞬间的冲动，就会毁了自己的一生。所以，我们遇事的时候，不妨多考虑一下后果，做到“三思而后行”。“思”什么？思前因、后果和方法。因为冲动情绪往往是由于对事物及其利弊关系缺乏周密思考引起的，遇事后若能先冷静想一想，不仓促行事，自然就不会生气了。

4. 善于发泄自己的不良情绪

有些人的情绪很难调节，可又不能总让它憋在心里，那就要学会释放了，让它尽快地发泄出去。如和朋友谈心、写信、打电话诉说自己的不幸，或到僻静的地方痛哭一场，或把自己胸中的怨言和不满写在日记上，记下自己为什么要生气，值得不值得，这样一来，就能把不良情绪发泄出去了。

当然，最重要的还是自己争气，化压力为动力，增加自己的实力，用事实堵住别人的闲言碎语，这样才能活出真正精彩的人生。毕竟，人生苦短，值得我们用心去品味的东西太多，耗费时间和精力去生气，才是真正的愚蠢行为。如果我们把一些伤心的话、烦恼的事情牢记在心中，萦绕在脑际，就等于背上了沉重的包袱和无形的枷锁，活得又苦又累。只有远离愤怒，不生气，放平心态，多一点豁达和宽容，愤怒的情绪才会化为乌有，人生才会幸福无比。

别跟自己过不去，活得轻松一些

在生活中，一些人总为一些事烦恼着，他们不但顾虑着现在，而且还想着未来。今天还没好好享受完，就要苦苦地思索明天该如何去过。打开门，为天气而烦恼；打开电脑，为有无新邮件而烦恼；打开冰箱，为吃喝而烦恼。

其实，人要活得开开心心，何必为自己增加不必要的烦恼，活得轻松一些，给生活增添一些祥和、快乐的气氛，不是更好吗？

做人不能太较真，不能自己跟自己过不去。毕竟人的一生中，期望与现实常常会发生冲突。我们期望的，未必能够获得，我们能获得的，却未必是所期望的。我们与其一厢情愿地久久眺望远方的海市蜃楼，不如踏踏实实地收获身边的每一份真实。

其实，静下心来仔细想想，生活中的许多事情，并不是因为你的能力不强，恰恰是因为你的愿望不切实际。我们常常会遇到期望与现实发生冲突的情况。事实上，世间任何事情都有一个限度，超过了这个限度，好多事情都可能是极其荒谬的。我们应该时常肯定自己，只要尽心尽力，积极地朝着更高的目标迈进，就行了。

所以，凡事别跟自己过不去，只要尽力了，结果并不重要。这样，即便在生命结束的时候，我们也能问心无愧地说："我已经尽了最大的努力。"那么，我们就真正的此生无憾了。

太多的人悲叹生命的有限和生活的艰辛，却只有极少数人能在有限的生命中活出自己的快乐。其实，一个人快乐与否，主要取决于一种心态，特别是如何善待自己的一种心态。

有一个富翁总感觉不到快乐，他已经厌倦了这里的生活，他要到美丽而神秘的远方去寻找失去的快乐！于是，富翁背着许多金银珠宝去远方寻找快乐。

就这样，他带着沉重的包袱上路了，虽然走得很远，但他根本没有发现所谓的快乐。他累得气喘吁吁，完全就没有心思观赏野外的风景，体会闲云野鹤的悠闲自在。

有一天，富人遇见了一位衣衫褴褛的农夫，农夫正唱着山歌从对面走过来。富人忍不住上前问道："你看上去很快乐，是吗？"

"是啊，我觉得很快活，我刚从田地里回来，我的秧苗又长高了一截，我还幸运地在路上捡到一些柴火和蘑菇！"

"我什么都不缺，我有很多财富，但我就是感觉不到快乐，你能告诉我快乐的秘诀吗？"

农夫憨厚地笑笑说："哪里有什么秘诀！只要你把背负的东西放下就可以了。"

富人顿悟——自己背着沉重的金银珠宝，腰都快被压弯了。晚上住店的时候害怕被人偷走，白天走在路上又担忧被别人抢去。成天忧心忡忡、惊魂不定，怎么能快乐起来呢？

如果富人只带够用的银两，把心思单纯地放在欣赏自然风光上，或者把金银珠宝分发给穷人，他肯定会因为没有了沉重的包袱而快乐，也会因为给予别人帮助而快乐。

佛说"一切属他，则名为苦；一切由己，自在安乐。"快乐其实只是人的一种心境。人之所以不快乐，是因为总是把快乐寄托在金钱、地位、权势和成就上，所以快乐就跑到了云端，任你辛辛苦苦地追，却怎么也追不上。

有一位富商收藏了许多珍贵的古董、字画以及珍珠翡翠等。为了防盗，他安装了最先进的保安系统，并把这些收藏当成个人财富的一部分用来炫耀。

一天，富商心血来潮，决定请大厦清洁工去看看他收藏的宝贝。清洁工进去后，并没有流露出艳羡之色，只是慢慢地逐一浏览。走出收藏室，富商忍不住炫耀："你看了这么多的好东西，不枉此生了吧？"

那个清洁工说："是的，我现在感觉与你一样富有，而且比你更快乐。"

"怎么可能？"富商疑惑地问。

那个清洁工笑着说："你所有的宝贝我都看过了，不就是与你一样富有了吗？而且我又不必为那些东西担心，岂不比你更快乐？"

可见，快乐不在于拥有多少，只要用心去感受，快乐就会无处不在。哈里·爱默生·弗斯狄克曾语重心长地说："真正的快乐不一定是愉悦的，它多半是一种思想上的胜利。"没错，快乐源自一种成就感，一种自我超越的胜利。懂得为自己歌唱、为生活歌唱、为生命歌唱的人，快乐就会紧紧相随。当你快乐时，周围的人受到你的感染，也乐得心情舒爽、开朗，自然喜欢与你亲近。

一个人一生到底要经历多少事？再智慧的老人也答不出这道难题。会有夙愿成真的时候，会有受伤流泪的时候，也会有期待落空的时候……人生就是这样，活着就是修行，没有过不去的坎，只有不肯快乐的心。活得轻松一些，快乐其实很简单。

远离焦虑，随遇而安

在撒哈拉大沙漠，有一种土灰色的沙鼠。每当旱季到来时，这种沙鼠都要囤积大量的草根，以度过这段艰难的日子。因此，在旱季到来之前，沙鼠都会忙得不可开交。当囤积的草根足以使他们度过旱季时，沙鼠仍会一刻不停地寻找草根，运回自己的洞穴。似乎这样它们才能踏实，否则便焦躁不安，嗷嗷叫个不停。

实际上，沙鼠根本用不着这样劳累和焦虑。因为一只沙鼠在旱季里只需要吃掉两公斤草根，而沙鼠一般都要运回十公斤草根才能心里踏实。大部分草根最后都腐烂掉了，沙鼠还要将腐烂的草根清理出洞。

研究证明，这一现象是由一代又一代沙鼠的遗传基因决定的，是沙鼠有一种出于本能的担心，才做了无用功。

这个故事让我们明白：不能活得像沙鼠那样，为明天而焦虑，因为有许多担心都是没有必要的。虽然道理如此，但你能做到不焦不躁吗？

最近，老王总是处于一种焦躁不安的状态，吃饭不香、睡觉不实，一天到晚老想着心事，做什么事情都没有兴趣。一会儿想着自己会不会下岗，一会儿又想着儿子今年要高考，一会儿又担心他的前途……老王的情绪状态实际是一种焦虑。

据统计，当今都市人群每天的焦虑超过三次，工作、生活、爱情……哪怕是晚上吃什么。是的，我们面临着物价上涨、买不起房、家庭收入、孩子教育、工作压力等多重难题，自然很容易陷入烦恼、焦虑或恐慌中。当焦虑、烦恼、恐慌侵袭我们的身心，我们是不是觉得一生都难以摆脱它们的困扰呢？

显然，这是一个焦虑无所不在的年代，每个人都会焦虑，可你为什么总是焦虑呢？

焦虑是由紧张、焦急、忧虑、担心和恐惧等感受交织而成的一种复杂的情绪反应。焦虑是人的一种本能情绪，每一个人都会存在焦虑情绪，当我们处于心理压力状态、受到刺激时，便会出现焦虑情绪。正常的焦虑情绪能够帮助我们面对突发事件，但是长期的焦虑情绪却会影响我们的心理健康。

当你感到焦虑时，你要把情绪的“虚热之火”释放出去，为身体降温，让心灵恢复平静，为自己的人生换来平和与清凉。那么，我们该如何让自己成为一个拥有高度自制力、不容易焦虑的人呢？

1. 增加自信

毫无疑问，自信是治愈焦虑的必要前提。一些对自己没有自信的人，对自己完成工作和应付事物的能力是怀疑的，会夸大自己失败的可能性，从而忧虑、紧张和恐惧。所以，我们应该相信自己，因为每增加一点自信，焦虑程度就会降低一点。如果你有足够的自信，你就不会再焦虑了。

2. 平心静气地分析情况

很多时候我们往往对别人的行为或观点不能理解，认为他们对自己造成了一定的伤害，就很难心平气和地与对方相处。其实你不妨换个角度、平心静气地看问题，这样一来，你就很容易理解对方的所作所为，让自己不再焦虑。另外，当遇到让自己不能平静的事情时还可以做一些自我调节，学学“阿Q精神”，因为自我安慰可以让自己有效摆脱焦虑的情绪。

3. 勇于承担责任

美国西点军校认为：没有责任感的军官不是合格的军官，没有责任感的员工不是优秀的员工，没有责任感的公民不是好公民。自己的责任自己承担，是勇于承担责任的基本要求。所以，在对可能出现的最坏后果有了充分估计之后，就应做好勇敢地把它承担下来的思想准备。只有这样，心理状态才会发生神奇的变化，你才会感到轻松，心里也会出现从未有过的平静。

4. 好好自我反省

有些焦虑的产生是由于对某些情绪或欲望进行压抑，压抑到无意识中去，但它并没有完全消失，仍然潜伏在无意识中。在这种情况下，我们必须进行自我反省，把潜意识中引起痛苦的事情诉说出来，这样就不会再焦虑了。

最后，淡定的人没有焦躁，因为他们会安抚自己的情绪。我们要做到宠辱不惊，去留无意；随遇而安，笑对生活。因为生命时时有变化，处处有美景。所谓得与失，都只不过是人生中的沧海一粟。总之，我们要学会笑对人生，以宁静淡泊的心态去面对生命中的每一个瞬间。

抱怨世界不如改变自己

在生活中，我们常常被很多事激怒，比如，同事的不配合、妈妈无休止的唠叨、爱人犯的低级错误、孩子的捣蛋和叛逆……看什么都不顺眼，听什么都不对劲，永远不知足，而且内心充满怨愤，整天不是大骂世道不公，就是怪老天爷不长眼。我们总以为自己手中拿的是“劣牌”，怎么奋斗都看不到希望，所以抱怨别人、抱怨生活、抱怨世界。

当一个人发怒的时候，就会觉得惹怒他的人一无是处，就会口不择言地伤害对方，结果还得向对方赔礼道歉。既然如此，我们何不控制自己的脾气，心平气和地处理问题呢？何况，有时候错本不在对方，而在于自己。要知道，抱怨不如改变，珍惜当下才是最重要的，只要学会不抱怨，就能创造生命的奇迹。

曾看到这样一则寓言：

有一头老驴，不小心掉到了一个废弃的陷阱里，因为陷阱很深，所以，它根本爬不上去。主人觉得它不过是一头老驴，便不想救它。

被主人抛弃后，那头驴一开始也放弃了求生的欲望。但更可气的是，每天还不断地有人往陷阱里面倒垃圾。按理说老驴应该很生气，应该天天去抱怨，自己的命怎么这么苦。但老驴没这样做，反而决定要靠自己的力量救自己。

老驴每天都把垃圾踩到自己的脚下，从垃圾中找残羹来维持自己的生命，而不是被垃圾所淹没。终于有一天，它又重新回到了地面上。

可见，命运不会因为抱怨而改变。要想改变自己的命运，就要停止抱怨，改变自己的心境和心态。只要自己改变了，环境就会随着改变。所以，在失意的时候，不要急着抱怨世界不公平，世界从来不会因为某个人的抱怨而改变。

郭嘉带着自己创作的作品去参加一家广告公司的面试，他抽的面试号是最后一个。等待的过程紧张而漫长，为缓解疲劳，郭嘉向广告公司的接待人员要了一杯温水。但接待人员在给郭嘉送水时不小心把杯子打翻了，水全洒到了那张为面试准备的作品上。

作品被毁，郭嘉一下子愣住了，他想抱怨发怒，因为这是面试必备的作品，没有了作品他怎么向考官描述他的创意和构思呢？但郭嘉最后还是控制住了自己的情绪，因为现在不论是抱怨接待人员还是埋怨自己的运气不好，都没有丝毫用处。

郭嘉稍微冷静了一下后，赶紧向接待人员借来了纸笔。利用别人还在面试的时间空隙，他专心地用一张白纸将自己的作品简单地描画了一遍，又用另一张白纸将原作品被淋湿的情形大致叙述了一下。

面试结束后，郭嘉被公司录用了。主考官这样对他说："广告注重创意和变通，你的作品虽然简单，却体现了你临阵不乱、随机应变的特质。"

不得不说，抱怨是一种相当消极的负面情绪，它解决不了根本性的问题，反而会让你陷入更深的情绪泥潭当中。而郭嘉在面对不利于自己的突发情况时，没有抱怨，而是宽容了对方，并积极想出弥补措施，才最终被公司录用。

有位哲人说，"这个世界上最多的'东西'不外乎两种：穷人和抱怨，而且两者之间存在着鸡和蛋的关系——贫穷（抱怨）孕育了抱怨（贫穷），抱怨（贫穷）又孵化了贫穷（抱怨）。人们越穷越抱怨，人们越抱怨越穷。"

这句话虽然有失偏颇，但也有一定的道理。人们普遍认为抱怨能为自己带来好处，得到别人的同情和认可，实际上人们不仅“越抱怨越穷”，还会由于抱怨惹来麻烦，自己反倒成了抱怨的最大受害者。

所以，抱怨不能解决任何问题，反而还会阻碍你前进的脚步。只有不抱怨，你才能够快乐地工作，才能够创造出更好的业绩，才能够让自己更受益！命运不会因为抱怨而改变。要想改变自己的命运，从现在开始停止抱怨，把时间和精力都用在解决问题上，你就会发现一个全新的自己。

看淡得失，也就减少了痛苦

我们每天行色匆匆，活在现在，却又放不下过去；太顺的日子，会觉得索然无味；身处逆境，又觉得困苦难耐；想获得幸福快乐，却常被无止境的欲望捆绑。其实，快乐的秘方很简单，不过是“看淡得失，学会放下”而已。

人生在世，有些事情是不必在乎的，有些东西是必须清空的。该放下时就放下，你才能够腾出手来，抓住真正属于你的快乐和幸福。懂得放下的人，弱水三千，只取一瓢饮；懂得放下的人，事情再多，只捡最重要的完成；懂得放下的人，绝不会为了金钱、名利、荣誉这样的身外事物，牺牲自己的健康和快乐。

佛经上说：“如何向上，唯有放下。”得之，我幸；不得，我命。从容的人面对生活的诸多变故，总是云淡风轻；即使生活总是有风有浪，内心也依然波澜不惊。所以，在浮躁的社会，成功和幸福拼的就是淡定！看淡得失，放下压力和欲望，放下自己心中的那些“舍不得”，你会发现，真正的幸福，就在身边。

《百喻经》里有这样一个故事：

从前，有一只猕猴抓了一把豆子，高高兴兴地在路上一蹦一跳地走着。一不留神，手中的一颗豆子滚落在地上。为了这颗掉落的豆子，猕猴将手中其余的豆子全部放在路旁，趴在地上，转来转去，东寻西找，却始终不见那颗豆子的踪影。

最后，猕猴只好拍拍身上的灰土，回头准备拿原先放在一旁的豆子，谁知道那颗掉落的豆子还没找到，原先的那一把豆子都被路旁的鸡鸭吃掉了。

在生活中，如果我们缺乏智能判断，只是一味地投入，就会像故事中的猕猴那样为了找一颗豆子而丢掉了所有的豆子。

生命之舟载不动太多的物欲和虚荣，要想使之抵达彼岸，不在中途搁浅或沉没，就必须轻载。唯有放下，才能更好地前进。

但在物欲横流的今天，忙碌的脚步使人失去了沉静的本能。数字划分了人的等次，打破了平衡的宁静。人们躁动不安，努力寻求提升的机会。谎言被人崇拜，实话被人遗忘。很多时候，我们之所以会紧紧地抓住某个东西，迟迟不愿松手，是因为我们害怕，一旦放下，我们就会失去。实际上，放下并不等于失去，放下是为了更好地拥有。

外物总是短暂而容易腐朽的，只有生命的灵魂才是永恒。与其对生命有太多的苛求，弄得自己生活在筋疲力尽之中，不如放下，给生命一份从容，给自己一片坦然。

第三章

不逼自己一把，就不知道自己有多出色

每个人都是有潜能的，潜能与你身处的环境以及所受的压力是成正比的，不到临危和备受压力时，你永远不会发觉自己有多大的潜能，也永远不能了解自己有多出色。世上意想不到的事太多，当你感觉在劫难逃时，未必不是一次新生的机遇，只要逼自己一把，就能柳暗花明。你也可以成为一个出色的人，不信，逼自己一把？

正视自己，爱上生命中的不完美

李文斯顿博士来到非洲，发现有些部落的人不知镜子是什么东西。当他们第一次看到镜中的自己时，几乎都大吃一惊："这个丑陋的家伙是谁？""这个人就是我吗？""噢，我怎么会有这么奇怪的鼻子？"他们从未发现过真相，当真相突然摆在面前时，便觉得难以置信了。

大多数人面对缺陷都想方设法地去掩饰，毕竟袒露缺陷需要勇气，要战胜自己的懦弱，战胜自己的虚荣，还要战胜世俗的偏见，所有这些，没有超人的勇气是万万做不到的。其实，每个人都或多或少存在着缺憾，有缺陷并不可怕，可怕的是刻意掩饰，如果永远不能正视自己的缺陷，那无疑是一生的缺憾。

有一只美丽的孔雀，很厌恶自己沙哑难听的声音，于是来到天后赫拉的面前抱怨："美丽善良的天后，您看，夜莺的歌声总是能得到众人的喜爱。可是我一开口，群鸟就会嘲笑我，万能的您能赐予我优美动听的声音吗？"

"你的嗓音不好，但你别忘了，你的身姿与容貌却是出类拔萃的，要知道你在开屏的时候羽毛是多么的光彩照人。"天后赫拉安慰孔雀。

"既然我的歌声不如他人，这种无言的美丽对我而言又有什么用呢？"孔雀不以为然地说。

看到孔雀如此不知足，赫拉有点不高兴了，它斥责孔雀道："每个人都有自己的命运，你要学会接受。"

面对天后的斥责，孔雀终于止住了自己的抱怨，开始欣赏自己美丽的身姿。

我们应该明白，不完美的人生才是最真实的，只要我们真诚地面对，有点缺憾，生命照样精彩。

不过，在生活中，总有一些人对自己的缺点斤斤计较，对自己不完美之处耿耿于怀，更有甚者对自己丧失了信心，颓废消沉。其实，这些都是没必要的，我们身上的不完美，并不阻碍我们追求幸福和快乐。

米兰·昆德拉说："生活是一张永远无法完成的草图，是一次永远无法正式上演的彩排，人们在面对抉择时完全没有判断的依据。我们既不能把它们与我们以前的生活相比，也无法使其完美之后重新来过。"的确，我们不能保证生活永远是完美的，或多或少总会存在着一些缺憾，我们能做的，不是抱怨，不是苛求，而是勇敢地面对。

人，生而不公。爱上生命中的不完美，接受生活的不公平，远离抱怨，接受"不完美"，才能拥有"完美"，有失才有得，宽容、宽心，才是最高的智慧。但在现实中，社会压力的增大，让很多人变得暴躁易怒，仅仅因为一点小事就可能喋喋不休，甚至抓狂，这些都是我们要解决的难题，我们需要一个不抱怨的世界，在这里，只有宁静祥和，不会有抓狂抱怨。

在那个炎热的午后，年轻的独臂乞丐吃了好多闭门羹之后，敲开了一座装饰精美的别墅的大门。开门的是一个体态丰满、神态安详的老太太。独臂乞丐一看，便赶紧向老妇人乞讨："我讨了一上午都没要来一分钱，您是个好心人，求求您给我点儿钱吧。"

老妇人并没有赶走乞丐，只是不动声色地上下仔细打量了一下，说："小伙子，我看你年轻力壮的，为什么不凭自己的力量去养活自己，却要在这儿低三下四地以乞讨为生呢？"

"用我自己的力量……怎么可能？我只有一只手臂呀……"乞丐边说边向老妇人晃动着那个空荡荡的袖管，"唉，都怪我命不好呀，我只有一只手臂，除了这样将就地活着，我还能怎么样？”

听了乞丐的牢骚，老妇人一言不发，只是打开院门，让乞丐跟自己进去。乞丐疑惑地跟着老妇人进入院子里。

这所房子显然建好没多久，外面虽然装修得很华丽，可院子里却乱糟糟的。走到屋门口的一堆砖头旁边，老妇人对独臂乞丐说：“你要是能帮我把这堆砖头搬到花池旁边，我就给你钱！”

乞丐在心里抱怨道：“现在的有钱人可真是抠门儿，跟我这样一个残疾人都这么较真儿！”无奈的他只好用一只手搬运起来，可心里却叫苦连天。

两个小时以后，乞丐终于把砖头移了过去。在他气喘吁吁地坐在地上再也不能动弹时，老妇人却端着一杯水笑盈盈地从房间里走了出来：“来，小伙子，喝点儿水吧，这是你的酬劳，你拿好。不要再因为你身体的缺陷而抱怨了，看到了吧，你也可以养活自己的！”说完，老妇人便把两百块钱塞到乞丐手里。

独臂乞丐拿着钱，被深深地震动了，他向老妇人鞠了一躬后，便昂头走出了大门。

多年之后，独臂乞丐因为他味美价廉的馄饨店而远近闻名。说起往事，他总要发出这样的感慨：“是那位老人的两百块钱让我找到了人生的目标，让我正视了生命中的不完美。从那以后，我只想要靠我自己的能力养活自己！”

虽然我们并不完美，但这并不是什么可耻的事。相反，正因为有这些不完美，我们才会有不断前行的动力，才会有接近完美，华丽变身的可能。所以，我们不必执着于自己的不完美，爱上不完美的自己。这样，即便在前行的路上遇到阴雨绵绵或是狂风大作，我们也能微笑着坦然面对。

生命的价值和意义在于不断进步，不断完善自己，而爱上不完美的自己，便是勇敢面对自己，挑战生活的第一步。正视自己，拥抱自己，改变自己，才能将自己的潜能发挥到最大，取得成功。

别为打翻的牛奶哭泣

在我们的生活中，失败和挫折都是在所难免的，我们根本无法阻挡它们的发生。智者对待失败和错误，豁达而乐观，他们会勇敢地面对它，从失误中吸取教训避免再出现类似的错误；愚者会为过去的错误而烦恼，并长时间地陷入其中不能自拔，除了增加精神上的痛苦之外，毫无意义可言，因为世界上没有后悔药卖。

励志大师戴尔·卡耐基在事业刚起步时，在密苏里州办了一个成人教育班。由于没有经验又疏于财务管理，虽然这种成人教育班的社会反响很好，但他所取得的经济效益却很糟糕，收入刚刚能满足支出。

卡耐基为此很苦恼，他不断地抱怨自己的疏忽大意。这种状态持续了很长时间，以至于他无法将刚刚开始的事业进行下去。最后，卡耐基只能去找中学时的生理课老师乔治·约翰逊寻求帮助。老师只说了一句话："不要为打翻的牛奶哭泣。"这句话如同醍醐灌顶，卡耐基的苦恼顿时消失，精神也振作起来。

是的，被打翻的牛奶已成事实，不可能重新装回瓶中，我们唯一能做的，就是找出教训，然后忘掉这些不愉快。

"别为打翻的牛奶哭泣"，是英国古代的一句谚语，看似简单的一句话，却意义深刻。它告诉我们一种对待错误和失误的心态：事情已不可挽回，就别再为它苦恼了。

改变不了的事实我们只能听之任之，那么，是不是我们面对人生的失误就只有一筹莫展了呢？不，我们可以改变心情，让我们的人生拥有一个乐观的心态。这种乐观的心态能帮你重建人生的信心。

我的一位朋友几年前辞去了清闲的公职，来北京追寻他的文学梦，屡屡碰壁之后在一家广告公司做了文案。谈起当初的选择，他后悔不迭，觉得当初自己真是鬼迷心窍，扔掉那份清闲又稳定的工作，来北京吃苦。

他一边抱怨自己“干得多，拿得少，压力大”，一边津津乐道以前的工作，“上班喝茶，下班玩牌，收入不多，却没有压力”。

我听后直截了当地问他：“那你现在还能不能回去？你是否还愿意回去？”

他说：“我走之后，马上有人占了我的职位，现在回去很难；就算我能回去，当年跟我在一起的同事都升官发财了，我回去只能受人白眼，我也不能回去。”

“既然这样，你就不要老是沉湎于过去，在我看来，你当初的选择未必是错的，因为你的未来有多种可能，至少有一半的可能是通向成功的。”我坚定地说。

像我朋友这样的人很常见，他们往往把自己的失败归咎于选择错误，总是沉浸在过去，在失败的阴云里自怨自艾，甚至妄自菲薄。如果你还在重复像我朋友这样的错误，那么不妨想一想那杯被打翻的牛奶，你是愿意对沾满污垢的脏牛奶念念不忘呢？还是愿意重新喝上一杯新鲜的牛奶呢？

泰戈尔说过：“当你为错过星星而伤神时，你也将错过月亮。”无论你快乐或者痛苦，生活是不会因此而放慢脚步的。人生是一个过程，而不是一种结果，所以人的一生就是把无数明天变为今天，再把今天变为昨天的过程。就算我们错过了昨天，还有好多可以把握的今天。

不要为打翻的牛奶哭泣，不要为过去的错误懊恼，人生的每一天都是崭新的，每一天都有美丽的风景。让我们放眼未来，向着成功的方向前行！

让压力成为振作向上的动力

在生活中，有些人认为压力是一种消极因素，殊不知压力在某种意义上更是促使人积极向上的动力。一个人在一定的压力范围内，他的工作业绩与压力是成正比的，工作压力越大，工作业绩越好。当我们面对生活中的种种压力时，要时常保持一颗平常心。只有这样，才能让巨大的压力变得微不足道，才能为自己寻找到更多的生活乐趣！

没有一个人随随便便就能成功，成功的原动力就是巨大的压力。在压力的不断鞭策下，你就有了前进的方向。一个聪明人，总是善于把压力置于自己的背后，让其成为一种推动力，推动自己不断前进。

对于强者而言，压力从来就不是包袱。大凡成功的人都是从逆境中崛起的。司马迁《报任安书》中有这么一段话："文王拘而演《周易》；仲尼厄而作《春秋》；屈原放逐，乃赋《离骚》；左丘失明，厥有《国语》；孙子膑脚，《兵法》修列；不韦迁蜀，世传《吕览》；韩非囚秦，《说难》《孤愤》。《诗》三百篇，大抵圣贤发愤之作也。"说的就是人们身处逆境之时，不坠青云之志，更加发愤图强，最后青史留名。

我国有句古话叫作"逆境成才"，因为只有逆境才会给人以巨大的压力，而这种压力，会鼓舞一个人去战胜困难。没有一个人随随便便就能成功，成功的原动力也就是巨大的压力。在压力下，你就有了前进的方向。聪明人总是善于把压力置于自己的背后，让其成为一种推动力，迫使自己不断前进。

1929 年，乔·吉拉德出生在美国一个非常贫困的家庭，他从小就做报童、替别人擦皮鞋，长大后还做过送货员、洗碗工、住宅建筑承包商和电炉装配工人等等。在三十五岁之前，他只是一个失败者，不仅欠了别人很多钱，连妻子和孩子的衣食住行都解决不了，同时他还患有严重的口吃。

看见别人的生活越来越好，自己却陷入了困境，乔·吉拉德感到万分沮丧，同时他也觉得如果要改变现在这种生活一定要做点什么，于是他开始卖汽车，步入推销生涯。刚刚接触推销时，他相信自己一定能做得很好，以极大的专注和热情投入到推销工作中，不管是在街上还是在商店里，只要一碰到人，他就把名片递过去，他抓住一切机会推销他的产品，同时也推销他自己。

三年后，他成了全世界最伟大的销售员。谁能想到，这样一个背了一身债务、几乎走投无路的人，竟然能够在短短的三年内成为吉尼斯世界纪录中“世界上最伟大的推销员”呢？

面对一次又一次的压力，乔·吉拉德一次又一次地成功地将它转换为动力，才取得了成功。胜败乃兵家常事，这次受挫，说不定在下次就能获胜。只要我们发愤图强，坚定信心，对眼前的损失输得起，放得下，就能像乔·吉拉德一样走出困境。

压力是一把双刃剑——那些脆弱的人，会被压力“压”得倒地不起；但是，越来越多的事实证明，越是饱受艰难困苦的人往往越能成就一番大业。

可以毫不夸张地说，没有压力，我们将一事无成；而有了压力，就会使我们进步。从另一种角度来讲，压力就是一种挑战。人的一生中要面对很多挑战，如果每一次面对挑战，我们都止步不前，那么我们的一生将会碌碌无为地度过。

有一哲人说过：“要想有所作为，要想过上更好的生活，就必须去应对一些常人所不能承受的压力，你得像古罗马的角斗士一样去勇敢地面对它，战胜它，这就是你必须走的第一步。”很多杰出人士，他们在取得事业的成功之前都是默默无闻的，在面对压力的时候，他们没有退却，而是勇敢地去面对，并且战胜了它，征服了它。

在人生的事业道路上，我们遇到了太多可怕的巨石，使我们一次又一次地堕入失败的苦难深渊。如果我们以百折不挠的意志去对待困境，就能顺利地从痛苦的束缚中挣脱，将自己的生命之舟驶向更加美丽的成功彼岸。

为什么你总是在抱怨

气候有冷暖，人生有四季。人生在世，有谁能事事如意？所谓的“万事如意”，不过是一种美好的心愿而已。

面对身边的各种失意，有人选择了坚强，有人选择了逃避，更多的人则选择了抱怨。他们就像鲁迅先生笔下的祥林嫂一样，逢人便诉苦不止，张嘴就抱怨不停，以至于抱怨就像传染病一样，充斥着我们的生活。

套用一句老话——人人有本难念的经，这本经的名字叫“抱怨”。郁闷，早已成为了现代人的通病。有病不治，病情势必会恶化，最终让人在抱怨的轮回中陷入痛苦的深渊，不能自拔。

据说很久以前，兔子也是两片嘴唇。有一天，兔子向上帝抱怨说：“我们兔子是世界上最善良的动物，却到处受到猎杀的威胁，真是不公平，我再也不想做兔子了！”

上帝非常同情它，问它想变成什么。兔子说：“我想变成有翅膀的鸟，这样，老虎和狼就别想欺负我了。”上帝便把它变成了鸟。

没过多久，鸟又来诉苦，说自己饱受毒蛇和老鹰的威胁，说想变成人，这样就不怕毒蛇和老鹰了。上帝便把它变成了人。

然而没过几天，人又来诉苦说：“这哪里是人过的日子，到处是两极分化、钩心斗角，到处是战争。我绝不做人了，我想变成上帝，这样我就不怕战争和贫穷了。”这回，上帝没答应它的要求。

人说：“既然不能变成上帝，请把我变回兔子吧，还是做兔子好。”上帝很生气地说：“你对我抱怨这么久，浪费我这么多法力，原来只是为了满足你这些无聊的愿望！我会把你变回兔子，但是为了惩罚你无聊的抱怨，我要把你的嘴唇割破一道口子。”

于是，上帝把它又变回了兔子，但是从那以后，兔子就变成了三瓣嘴。

抱怨，对于改变现状丝毫不起作用，反而会使自己压力倍增，使他人对你心生厌恶。如果一遇到不如意，我们就抱怨，那么我们的心力和时间就会被严重耗费。如果一切都不能挽回，抱怨除了徒增烦恼之外，别无益处。

命运对于李军来说，可谓不公平，由于家庭条件不好，他只能辍学养家。更糟糕的是，由于小时候的一场车祸，他的一条腿留下了残疾。因此，即使是做普通工作，李军也感到很吃力。

刚开始，李军和几个同乡一起进了广州一家电子厂，他根本跟不上传送带的节奏，虽然忙得满头大汗，但也总是落在后面，影响整体效益。领导对他发脾气，讥讽他：“你天生不是干活的料儿，不如回家领点低保凑合着混日子得了。”

李军知道，自己的确影响了工厂的效益，面对讥讽，他从不计较，发誓要用行动证明自己能干好这份工作。于是，他每天早出晚归，废寝忘食地研究技术和工作要领。

慢慢地，李军的工作越来越出色。到年底时，他被评为“年度最佳员工”，还被提升为车间主任。后来，李军在工作两年又后被提升为副厂长。

李军的成功，再次印证了这样一个道理：即使我们并不优秀，但只要拥有百折不挠的信心和勇气，不再抱怨，最终就能赢得胜利。

成功的道路总是曲折的。抱怨，丝毫不会改变事物运行轨道，只会使我们失去追逐成功过程中的乐趣。幸福不会自己飞来。当幸福没在你手中的时候，你所要做的不是抱怨，而是跋涉、奋斗。

抱怨，唤不回迷失的自我

一只蝴蝶只顾嬉戏，撞在蛛网上。一只蜜蜂忙着采蜜，撞在蛛网上。它们挣扎了许久，被蛛丝越缠越紧，再也动弹不得。

蝴蝶叹口气说：“都怪讨厌的风，使我没法子掌握飞向！”蜜蜂叹口气说：“都怪那刺眼的阳光，使我没法子看清蛛网！”

蜘蛛说：“我这里的食物，都是自动送上来的。你们也一样，要怪只能怪自己。”

当我们遇到挫折时，无论怎样怨天尤人，都是徒劳无益的。抱怨是最消耗能量的无益举动，它带走的是精神的营养。

这个世界上的人太多，爱太少；苦难忍，钱难赚。很多人觉得活得累，于是抱怨变成了最方便的出气方式。但抱怨除了眼前的短利以外，不但不能解决问题，还会使问题恶化。如果抱怨上了瘾，不但人见人厌，自己也整天不耐烦。

抱怨只会让你可怜自己——悲伤、愤怒、受害、多疑或自以为是。抱怨，唤不回迷失的自我，当你抛开你的抱怨时，你就会发现，人生是如此轻松美好。

曾几何时，我们一直活在对社会、对生活、对别人，甚至对自己的抱怨中，这样做的结果除了把自己的心情搞坏，还把别人的心情也弄糟了。其实，生活中很多事情都是经过自己的承认、默许甚至纵容才发生的。对自己的工作百般挑剔，抱怨同事、抱怨领导、抱怨工资……何必呢？

不抱怨是成功人生的最佳态度。优秀的人鲜少抱怨，抱怨是失败的标签、愚者的陋习，人生要面对的是非成败实在太多，如果对所得所失不能泰然处之，就会影响前进的方向。可以说，抱怨让我们失去，勇敢面对让我们获得。

荀子说："自知者不怨人，知命者不怨天，怨人者穷，怨天者无志。"不怨天尤人，不做无谓的抱怨，才能时刻把握命运的主动权，才能快乐起来，掌握幸福人生的秘密。

亚里士多德有一句名言：生命的本质在于追求快乐，而使得生命快乐的途径有两条：第一，发现使你快乐的时光，增加它；第二，发现使你不快乐的时光，减少它。快乐的人不是没有黑暗和悲伤，只是他们追寻快乐的状态不会被黑暗和悲伤遮盖罢了。

如果事情的发展顺遂人意，那么自然要享受快乐，不用刻意寻找快乐。如果事情的发展不尽如人意，而自己又不想承受挫折产生的痛苦，就要想出一些办法，让自己快乐起来。如果能够在顺心如意的情况下快乐，又能够在背时厄运的情况下保持平和，就会少一些抱怨，我们的生活质量就会得到提高。

有位名人在他的墓志铭上刻着这样一段话：年轻的时候想改变整个世界，到中年的时候发现这是做不到的，就下决心要改变他周边地区的状况，到五六十岁的时候发现这也没有做到，就下决心只去改变自己的家庭，到七八十岁的时候，发现这还是很难做到，于是，他感悟到，一个人能够改变的只有他自己。

同样，那些困境和艰难不会因为我们的抱怨而改变，我们能够改变的只有我们的心态和行动。在你喋喋不休、滔滔不绝地抱怨时，许多的美好和转机，都在你的抱怨声中悄悄溜走了。多想想那些甜蜜美好的事情，少一些抱怨，让自己好过些，也让别人清静些，何乐而不为呢？

迷路时的一百句抱怨，不如问路的一句话。抱怨，唤不回迷失的自我，现在，就让我们停止抱怨展望未来的美好生活吧！

压力是幸福的重量，你要扛得住

瑞士日内瓦大学的研究者做了一项实验：研究人员召集了三十六名喜欢吃巧克力的男女大学生，并将他们分为两组，为了引发压力感，研究者要求一组参与者把一只手放在冰水里，另一组参与者则把一只手浸泡在温水里，并在此期间对他们进行观察和录像。

另外，在试验开始前十分钟和结束后三十分钟，研究者分别收集了他们的唾液样本，对他们体内的皮质醇（应激激素）含量进行了测量。试验中，当参与者看到某个特定符号时，可以按下一个手柄，以闻到巧克力的味道。

研究结果显示：承受了压力的学生会比未承受压力的学生使出三倍多的力量来按下手柄，但在闻到巧克力令人愉悦的香味之后，两组学生所表现出来的享受感大体类似。可见，压力往往使我们追求奖励的愿望更为强烈。

的确，在我们这个时代，压力很大，生活中、家庭中、事业中，在任何时候都有压力，压力就是我们的源泉，没有压力塑造不出我们现有的生活条件，当一个人压力特别大的时候，那他的效率是最高的。

人生有时候就像赌博，一旦你被赋予的期望值越高，为你而下的赌注就会越大；反过来说，你身上被押的赌注越大，你所承担的压力也就越大。这份压力促使你不能向下，只能向上；不敢回望，只能前行。虽然承受压力的感觉不免痛苦，但压力是幸福的重量，你要扛得住。

被誉为中国“跳水皇后”的高敏，在1988年第一次夺得奥运会跳水冠军时，就完成了从运动员到体坛明星的华丽蜕变。但是作为中国军团兵败汉城时的唯一亮点，她身上的压力可想而知。

1992年，在巴塞罗那奥运会比赛前，由于巨大的压力，她极度忧郁，甚至想过如果拿不到冠军，她就从当地最高的楼上跳下去。最终，她夺冠的梦想又一次成为现实。可见，压力与收获几乎是完全相同的重量。

未来的事情交给未来，过去的事情无法更改，任何人都无法将时间倒流，存在的已经存在，这就是不生不灭。压力都是来自于内心的，如果能够经营好内心，再不利的客观形势也能找到快乐的因子。

过去的就让它过去，无所谓辉煌或者挫败，一切从头开始。即便是你沉湎于昨日不能自拔，历史依然如同雕塑一样屹立在时间长廊里。不能从中享受愉悦，就要学会忘记。人生何处不风景，未来一定更加美好。

林清玄曾说：“爱和美，可以减轻许多人生的沉重……当你回到家中，面对你爱人的时候，你可以满怀爱意地把她抱起来，转上一圈。这时，如果给你一块五十千克重的石头，也让你抱起来转一圈。结果呢，你会发现石头很沉，让你不堪重负，为什么？那是因为你对石头没有任何感情，石头的重量是真实的重量，而爱人的重量则是一种幸福的重量。”

是啊，每个人装进人生“背包”里的不都是石头那么简单，而是精心寻找来的爱情、事业、家庭、婚姻等许多令我们幸福快乐的东西。这些东西带给我们喜悦和甜蜜的同时，也让我们感觉沉重。不要为沉重的生活压力苦恼忧郁，因为沉重的背后是丰饶的拥有，你一定要扛得住才行。

不逼自己一把，就不知道自己有多出色

人一生下来，就要大声啼哭，逼迫肺泡接受新鲜氧气。接着，世界上的一切，都逼着你去适应、去争取。人的每一步都是生活所逼、环境所逼、亲情所逼、工作所逼、社会所逼、自己所逼、时间所逼、空间所逼……种种无奈、层层施压，一步一步地要求你不得不努力拼搏、勇往向前。

催逼，可以激发你的潜能，可以让你经常处于一个积极进取、创新求变的状态，而这时的你经常会有超出自己想象的收获。因此，被逼不要“无奈”，被逼是福。“铁人”王进喜说：“油井没有压力打不出油；人没有压力做不好工作。”有压力才有动力，对任何人都一样。如果我们不逼自己一把，就不知道自己有多出色。

人生没有那么多的公平可言。偏转一下你的航向，逆风就会成为顺风。刻苦努力，坚持不懈，最终耀眼的太阳就会跑到你的身后。你生活的起点并不是那么重要，重要的是最后你抵达了哪里。一个人想要出色，就必须接受挑战；一个人想要尽快出色，就要去寻找挑战。

“催逼意味着重生”“好办法都是逼出来的”，我们不能得过且过，不能没有自驱力，因为“生活，求不得安稳”，不让生活逼你的办法就是你去逼生活。

生活从来都不是一帆风顺的，成功从来都不是唾手可得的。如果我们觉得在被“逼”着做某些事情，不必为此感到无奈或懊恼，因为这些事情从长远来看也许不是坏事。也许，适当的逼迫能够把我们的惰性“逼”走，把我们的平庸“逼”走，把我们的勇气“逼”出来，把我们的前途“逼”出来，也把我们的成就感和幸福感“逼”出来。

在工作中，谁不想成为优秀的员工呢？谁都想做出好的业绩，为企业贡献力量、创造价值，自己也得到相应的回报。可是，与生俱来的惰性以及我们趋利避害的天性会让我们耍起“小聪明”。可是，这种“小聪明”能带来什么呢？不是拒绝了成长，就是拒绝了机会。

一个想成就自我的人，无论领导安排什么工作，不管这份工作有多难、时间有多紧，他也不会心生埋怨，而是把它看作是一次不容错过的机会尽心竭力去完成。只有这样，才能有所成长，有所收获。

不得不说，每个人都是有潜能的，潜能与你身处的环境以及所受的压力是成正比的，不到临危和备受压力时，你永远不会发觉自己有多大的潜能，也永远不会了解自己有多出色。在职场，成就自我最好的办法就是用经历书写简历，而不是投机取巧。

老鹰是世界上寿命最长的鸟类，可以活到七十岁，但是要活那么长时间不容易，它们四十岁时要进入一个十分痛苦的更新过程，大约要一百五十天。

老鹰首先用它的喙击打岩石，直到完全脱落，然后用长出的新喙把指甲一根一根地拔掉。当新的指甲长出来后，它们再把羽毛一根一根地拔掉。五个月后老鹰才获得新生。如果老鹰面对困难也选择投机取巧，那么，它再无新生的机会了。

老鹰逼迫自己可以获得新生，我们逼迫自己能取得了不起的成就。

《蓝色狂想曲》是美国作曲家乔治·格什温的第一部交响乐作品，它的诞生很有意思。

有一天，一位爵士乐团指挥请格什温写一部“庄严的作品”，而写惯了通俗音乐的格什温声称对交响乐“一窍不通”，拒绝从命。

那位乐团指挥无奈之中想出了一条妙计：他在报纸上发布了一条消息，说三周后在音乐厅上演格什温的交响乐作品。格什温看到后哭笑不得，没想到对方会用这种荒唐的办法逼自己就范。如果三周后拿不出像样的交响乐作品，自己的声誉就要受损，而交响乐对他来说，是一个从未涉足过的领域。他感到自己被逼进了死胡同，没办法，只好硬着头皮埋头苦干。

出乎意料的是，两个星期后，格什温居然完成了一部惊世之作——《蓝色狂想曲》。首场演出便获得巨大成功，这首名曲奠定了格什温在乐坛上的地位。

世上意想不到的事太多，当你感觉在劫难逃时，未必不是一次新生的机遇，只要逼自己一把，就能柳暗花明。

你也可以成为一个出色的人，不信，逼自己一把试试。

再坚持一下，你就胜利了

世界上最简单的事情就是坚持，只要愿意，人人都可以做到。但是，世界上最难的事也是坚持，因为真正能做到坚持的人很少。滴水穿石，不是因其力量巨大，而是因为它有坚韧不拔、锲而不舍的精神；绳锯木断，不是因其刚硬利锐，而是因为它始终执着于自己的目标。所以，成功的秘诀不在于一蹴而就，而在于你是否能够持之以恒地坚持下去。

任何事情都成于坚持，毁于半途而废。当你陷入困境时，只要再坚持一下，你就胜利了。人生没有不可逾越的天堑，只要我们永不懈怠地一步一步走下去，前面就是成功的彼岸。

在美国，有一位穷困潦倒的年轻人，身上全部的钱加起来都不够买一件像样的西服。虽然陷入了极端的困境中，但他仍没有放弃自己心中的梦想，他想做演员，拍电影，当明星。

当时，好莱坞共有五百家电影公司，他逐一数过，并且不止一遍。后来，他又根据自己认真划定的路线与排列好的名单顺序，带着自己写好的量身定做的剧本逐一拜访。但第一遍下来，这五百家电影公司没有一家愿意聘用他。

虽然被拒绝了，但这位年轻人没有灰心，从最后一家被拒绝的电影公司出来之后，他又从第一家开始，继续他的第二轮拜访与自我推荐。结果，在第二轮的拜访中，五百家电影公司依然拒绝了他。

一般人在这种情况下，都会选择放弃，但他不同，他要为自己心中的梦想坚持下去。接着，他又开始第三轮拜访，不幸的是结果仍与第二轮相同。

这位年轻人依旧不灰心，咬牙开始第四轮拜访，当拜访完第三百四十九家后，第三百五十家电影公司的老板破天荒地答应愿意让他留下剧本先看一看。

几天后，好消息传来了，这位年轻人获得通知，请他前去详细商谈。最终，这家公司决定投资开拍这部电影，并请这位年轻人担任自己所写剧本中的男主角。

这部电影名叫《洛奇》，这位年轻人就是席维斯·史泰龙。

每个人都有失败的经历，成功者与众不同的地方就在于能在失败中寻找转机，迅速从失败中站起来，获得新的成功。正因为坚持，才有了日后红遍全世界的巨星史泰龙。

总之，失败是个逗号，成功也不是句号，只有不放弃才能创造一个又一个辉煌。生命不止，拼搏不息，有梦想的天空从不灰暗，有信念的人生绝不平凡。

第四章

不怕千万人阻挡，只怕自己投降

在人生路上，我们总要面临改变，不管愿不愿意，改变总会如期到来。每个人在害怕改变的同时，也渴望着改变。如果你真心希望改变自己的生活，就要像孩子一样敢于幻想，像勇者一样敢于失败。只有敢于坚持改变，你的世界才会真正得到改变。

你变了，世界就变了

我们生活在一个不断变化的环境中，世界在变，国家在变，市场在变，需求在变，目标客户在变，价格在变，员工在变，合作伙伴在变……换句话说，这世界上唯一不变的就是“变”。我们若想要在激烈的竞争中立于不败之地，就必须随时做出改变，让改变成为一种习惯，并长期坚持下去。

大文豪托尔斯泰说：“全世界的人都想改变别人，就是没人想改变自己。”的确，世界不会因你而改变，永远不要奢望让世界来适应你，你能改变的只有自己！你变了，整个世界就变了。只有将改变进行到底，才能在竞争中脱颖而出。

生活好像是一面镜子，你对着它笑，它也对着你笑；你对着它哭，它便对着你哭。我们能否成功的关键在于我们想的是什么，拥有什么样的心境，采取什么样的行动。

在人生路上的每一步，我们总是面临改变。不管我们愿不愿意，改变总会到来的。但为什么我们改变总是那么难，仿佛总有一种力量把我们拉回原处呢？因为我们内心在抵触改变，只有战胜这种抵触心理，才能成功地改变自己。在改变的过程中，我们需要注意以下几点：

1. 克服对梦想的恐惧

每当我们开始梦想的时候，心里总会有一个声音在说：别乱想啦，这是不可能的。而且身边的朋友和家人也会很权威地让你别瞎想。这时，需要我们克服对梦想的恐惧，勇敢地走下去，才能改变自己，改变世界。

2. 克服对失败的恐惧

史考特在《牛奶如何变成牛》一书中指出，成功源自于允许失败。害怕失败使人看不清楚机会，唯有有效处理这些恐惧与重新建立愿景之后，才能达成非凡成就。的确，只有克服对失败的恐惧，才能走出困境，一步一步走向成功。

3. 克服对改变的恐惧

当你开始梦想并且慢慢有些成果的时候，会引起身边人的害怕，他们会建议你安安稳稳地过日子，不要瞎折腾。其实，如果你能让身边的人感到不安，你就已经开始变得强大。因为当人们感到自己对你无力控制时，他们才会不安。

你可以仔细想想，就连林肯的南北战争都有四千万人反对，爱因斯坦的相对论用了六年来承受非议，你还会害怕来自改变的恐惧吗？

4. 克服对幸福的恐惧

一般来说，我们内心特别害怕大吉大利的到来，因为不知道幸福的后面接踵而来的是什么，因此我们喜欢抑制自己的幸福感，不让自己过于快乐了。也就是说，如果幸福感和快乐感没有达到极点，那么失落感和不幸之事就不会接踵而来。可见，对幸福的恐惧主要来自于我们内心的资格缺失，我们总是觉得自己没有资格这么快乐。

其实，感受当下的快乐和力量，你会发现我们一直活在幸福当中。我们缺乏的，不是幸福，而是感受幸福的能力。只要我们吃饭时吃饭，恋爱时恋爱，大笑时大笑，痛哭时痛哭，就不会有对幸福的恐惧了。

人生就是一个大舞台，每个人都在这个舞台上演绎自己的欢乐悲喜。为什么有的人能把生活演绎得非常完美，而有的人却找不到生命的坐标、盲目得无所适从呢？为什么有的人能在逆境中让自己获得重生，而有的人在面对挫折时却任自己沉沦下去呢？这些都取决于我们的心态，取决于你是否愿意改变自己，及时修正自己。

不得不说，每个人都害怕改变，同时又渴望改变。如果你真心希望改变自己的生活，就要像孩子一样敢于幻想，像勇者一样敢于失败。只有敢于坚持改变，你的世界才会真正得到改变。

不怕千万人阻挡，只怕自己投降

生活中的很多事情都像一场博弈，谁都想赢，但很多人因为怕输不敢参与，即使参与了也是一开始就输了。其实，输不丢人，怕才丢人。千万人阻挡不可怕，千万不要自己选择投降。只有不屈服于命运、敢于拼搏，才会获得更大的成功。

谁不怕输，谁就能赢得最终的胜利。当然，这个“不怕输”必须是真正的心无杂念、平静如水。只有真正拥有“输得起”的心态，才能在人生大大小小的比赛中不瞻前顾后、缩手缩脚，才能在平和的心态中收获意外的胜利。

“不怕输”的人深知“置之死地而后生”的道理，他们敢把自己逼到破釜沉舟、背水一战的境地，以激活自己的斗志和潜能，结果往往能赢得一个个惊人的“胜利”。

中世纪时，苏格兰国王罗伯特·布鲁斯领导民族独立运动，英格兰国王派军队进行镇压。布鲁斯率领部队英勇作战，可惜六次大战都失败了。幸运的是，布鲁斯没有被俘，躲进了一个山洞里。

在山洞里，有一只蜘蛛在织网，那只蜘蛛六次试图让纤弱的细丝从一道横梁系到另一根横梁上去，但六次都失败了。

布鲁斯感叹道：“可怜的小东西，你的遭遇跟我多么相似啊！”蜘蛛没有放弃，继续进行一次次尝试。终于，它将那根丝稳妥地结在了横梁上，然后慢慢织起一张丝网。

布鲁斯深受启发，重新鼓起勇气，回去把溃散的士兵召集起来，率领他们展开了长期艰苦的游击战争，不断取得胜利，渐渐扭转了局势，取得了最终的胜利。

可见，输了并不意味着你比别人差，也不意味着你永远不会成功，更不意味着你到了人生的终点。只要敢于正视失败，敢于拼搏，你就一定会像布鲁斯一样取得最后的胜利，成为人们心目中的英雄。

一份英国报纸曾刊登过一张英国王子查尔斯与一位街头游民的合影照片。原来，查尔斯王子在寒冷的冬天拜访伦敦的穷人区时，意外遇见了以前的校友布鲁伯，才有了这张合影照片。

布鲁伯出身于贵族家庭，拥有令人羡慕的学历，为何会到了沦落街头的地步呢？

以前，布鲁伯是一个小有名气的作家，经过两度失败的婚姻后，他开始变得心灰意冷、自暴自弃，用酒精来麻痹自己的神经，再也无心创作了，最后沦落街头，成了无业游民。

命运是很公平的，你用怎样的态度对待生活和事业，命运就会以怎样的方式回报你。什么都可舍弃，但斗志不可舍弃。只要敢于拼搏，一切都有转机。不管生活怎样对你，千万不要丧失了斗志，否则只能一败涂地。

不得不说，许多失败都是我们自己造成的，否定自己，对失败恐惧，便失去了吹响前进号角的勇气，隔断了我们努力的力量之源，破坏了我们追求梦想的热情。不怕输，才会赢，我们要敢于面对失败，才有成功的机会。

年轻人应有宽广的胸怀，不要计较那微不足道的创伤。要记住，没有人能将我们打败，只要我们勇敢地面对挫折，时刻激励自己前进，胜利就会在前方向我们招手。

想改变，就要对自己狠一点儿

生活就像是一棵黄连，表面开着美丽的花朵，而根却是苦的。只要我们活着就要接受许多挑战，就要面对许多难题，再苦也要接受，这似乎是每个人的宿命。

在弱肉强食、竞争残酷的社会，我们大多数人都像小学生一样，缺乏必要的认知和训练，喜欢幻想、意志薄弱、做事犹豫、害羞胆小、心理素质差、内心不够强大，很容易受他人影响、被他人控制。想要改变这种状况，就要对自己狠点儿，这样才能离成功近一点。

那么，什么是对自己狠呢？简单说，“狠”是一种目标——人生奋斗的目标。想要和别人不一样，有所成就，就要对自己狠一点儿。“狠”意味着一种意志，意味着为了完成自己奋斗的事业而百折不挠的坚强决心，意味着一种骨气，意味着活就要活出尊严。

如果你不对自己狠一点儿，生活就会对你狠。每个人的成功都可以规划，但千万不能缺少年轻人的那点“狠”劲儿。想让将来的你感谢现在努力奋斗的自己，就要把握好年轻的这一阵子，不“狠”则不能摆脱旧习，不“狠”则不能脱胎换骨，不“狠”则不能高速行进。

要改变生活，先改变自己。很多时候，人需要给自己制造一个环境，背水一战，用义无反顾的决心，逼自己成功。

古希腊大哲学家苏格拉底是个名人，很多年轻人都来找他学习。有一个年轻人来了，想要向苏格拉底学习哲学。苏格拉底什么也没说，带他来到一条河边，突然用力把他推到了河里。

年轻人以为苏格拉底在跟他开玩笑，并不在意。没想到苏格拉底也跟着跳到水里，并且拼命地把他往水底按。年轻人一下子慌了，求生的本能让他拼尽全力将苏格拉底推开，爬回到岸上。

年轻人非常愤怒，责问苏格拉底为什么要这样做。苏格拉底回答说："我只想告诉你，做任何事情都必须有绝处求生那么大的决心，才能获得真正的成就。"

只有对自己狠一点儿，才能让自己绝处逢生。不管你过去曾经失败过多少次，跌倒过多少次，也不管未来的道路是否坎坷，只要把握了现在，也就掌握了未来。实际上，只要我们努力了，就可以勇敢地面对未来的抉择；只要我们尽力了，就可以把结果交给上帝安排。

要知道，在我们身边总有一些人和事，无法用宽容去克服，无法用道德去感化，更无法用软弱来换取应得的利益和公正的对待。唯一的办法就是，我们自己也要狠起来。这样，我们才有资本去斗争、去较量。当然，这里说的狠是正义的狠，不能恃强凌弱，更不能意气用事。

人生是一个没有硝烟的战场，若没有一颗坚硬的心，就难以向人生交出满意的答卷。不经历风雨，怎么见彩虹。我们若想改变自己，成就一番事业，获得成功，就必须要有一股狠劲儿。"人生能有几回搏，此时不搏待何时？"既然冲锋的号角已经吹响，那我们就狠下心来，凶猛地向前冲吧！

思路对了，你就对了

如今，社会竞争日趋激烈，生活节奏日益加快，每天都会出现大量的错综复杂的问题，给我们的事业、工作、学习、生活等带来压力和障碍。要迅速有效地解决这些问题，就需要有正确的思路。

那些成功的人之所以成功，是因为他们善于挖掘自身的潜力。挖掘潜能，需要的是思路。有时候，成功最重要的因素，不是知识，不是财富，而是思路。思路对了，我们才能找准人生的方向，最大限度地发挥自身的潜能，高效地解决摆在面前的各种问题。

一家建筑公司的经理收到了一份购买两只小白鼠的账单，他心生好奇，询问后才知道这两只老鼠是他的一个员工买的。他便把那个员工叫来，问他为什么要买两只小白鼠。

员工说："上星期我们公司去修房子，那所房子要安装新电线。电线要穿过一根十米长，但直径只有二点五厘米的管道，而且管道砌在砖墙里并且弯了四个弯。怎么让电线穿过去是个大问题，后来，我想了个办法。"

"什么办法？"经理问。

"我买了两只小白鼠，一公一母。然后把一根线绑在公鼠身上并把它放到管子的一端。另一个人则把那只母鼠放在管子的另一端，逗它吱吱叫。公鼠听到母鼠的叫声，便沿着管子跑去救它。小公鼠就拉着线和电线跑过了整条管道，问题就解决了。”

就这样，这个员工用非同一般的思维解决了问题。可见，有了正确的思路，才能发挥出卓越的智慧。

人生是一个不断变化和选择的过程，是不断思考的过程。思路不同，看待世界的视角不同，对待生活的心态不同，解决问题的方法不同，由此结局也截然不同。一个人能否成功，关键就在于他是否能够主动寻找获得成功的好思路。

美国著名地质学家华莱士在总结其一生成败经验的著作《找油的哲学》中这样写道：“找油的地方就在人的大脑中。”他认为，人的大脑里蕴藏着丰富的宝藏，而思路是其中最珍贵的资源。是啊，思路决定出路，方向决定人生。思路对了，你就对了。

在威斯敏斯特大教堂的地下室里，英国圣公会的墓碑上刻着这样的一段话：

“当我年轻的时候，我的想象力从没有受过限制，我梦想改变这个世界。

当我成熟以后，我发现我不能够改变这个世界，我将目光缩短了些，决定只改变我的国家。

当我进入暮年以后，我发现我不能够改变我的国家，我的最后愿望仅仅是改变一下我的家庭。但是，这也不可能。

当我躺在床上、行将就木时，我突然意识到：如果一开始我仅仅去改变我自己，然后作为一个榜样，我可能改变我的家庭；在家人的帮助和鼓励下，我可能为国家做一些事情。

然后，谁知道呢？我甚至可能改变这个世界。”

这段文字让许多世界名人感慨不已。当年轻的曼德拉看到这篇碑文时，顿然醒悟，觉得从中找到了改变南非甚至整个世界的金钥匙。回到南非后，他从改变自己、改变自己的家庭和亲朋好友着手，历经几十年，终于改变了他的国家。

不得不说，有什么样的思路，就会有什么样的出路。对于普通人来说，思路决定自己一个人和一家人的出路；对于领导者来讲，思路则决定一个地方乃至一个国家的出路。成败得失往往就在一念之间，我们只有拥有正确的思路，才能做出正确的事情，实现心中的梦想。

路是走出来的，办法是想出来的。虽然不能改变周围的环境，但是可以改变自己的思路。如果不能改变，活路也变成了死路。对于我们来说，不管是顺风顺水，还是惊涛骇浪，拥有好的思路至关重要。

所以，我们要做到真正的突破自身限制，抓住机遇，拥有正确的思路，要开阔视野，勇敢地同错误、滞后的思路作斗争，让成功的思路为自己带来成功的方法，让心态更加靠近成功。我们要灵活机智地处理复杂和重要问题，从而开启人生的成功之门，谱写卓越的人生乐章。

改变态度，用激情赢得主动和机遇

每个人的人生都不可能永远风平浪静，总会有大大小小的坎坷，总会有顺境和逆境穿插交织。顺境，也许是我们所渴望的，但逆境总会不期而遇。在困难面前，在逆境之中，有人沉沦，有人振奋，用截然不同的态度走出不同的道路。

我们不禁要问，为什么在相同的际遇下不同的人会有不同的命运呢？其实，生活是充实还是虚无，职业前途是闪耀还是暗淡，关键在于我们的态度。改变态度，将会改变一生！

一般来说，困扰我们的最糟糕态度，通常源于我们心理成长期产生的陈年垃圾。我们长期与不安、自卑、紧张、仇恨、愤怒、恐惧相伴，只有理清并根除这些情绪垃圾，才能赢得主动和机遇。

在生活中，经常有人抱怨自己的工作，他们只是把工作视作取得面包、衣服、住房的“需要”和一种无可避免的苦役。他们习惯于用消极的态度对待工作，习惯于在消极中慢慢腐蚀自己的思想、品质、观念和躯体。

其实，每一份工作都不过是激发潜能、锻炼能力的平台罢了，抱怨越多，就会离成功越远；一个人越是消极，他的生活越是不幸。

要知道，有什么样的目标，你就会有什么样的成就；有什么样的态度，你就会有什么样的人生。消极工作的结果只有一个，那就是“今天你糊弄工作，明天工作也糊弄你”。

有一个年轻人这样对待他的工作，他说：“我现在完全为我的工作所陶醉了，简直不能自拔。每天早晨，我都十分渴望能够尽快地投入到自己的业务中，而当晚上放下工作时，我会感到十分的惋惜，就像一个天生的画家，在黄昏到来之时，会为自己不得不放下画笔而遗憾。”

如果一个人对自己的工作如此热情，他根本无需担心自己的未来。因为以积极的态度对待工作，把热情与爱真正带到工作中去，就会被更多人感知、信赖与器重；以积极的态度对待工作，人生将会迎来更多阳光、更多幸运。

好的生命态度就像软木，它能帮你浮起，助你发展；不良的生命态度就像铅块，它会让你下沉，阻碍你取得进步。

有一位心理学家曾做过这样一个实验：

他把一只跳蚤放进一个玻璃杯里，跳蚤立即就跳了出来。重复几遍，结果是一样的。

接下来，实验者再把这只跳蚤放进杯子里，不过这次在杯子上加了一个玻璃盖。“嘣”的一声，跳蚤重重地撞在了玻璃盖上。跳蚤十分困惑，但没有停下来。

在一次次被撞后，跳蚤开始变得聪明了，它开始根据盖子的高度来调整自己所跳的高度。再过一阵子以后，实验者发现这只跳蚤再也没有撞击到这个盖子，而是在盖子下面自由地跳动。

一天以后，实验者把那个盖子轻轻拿掉，跳蚤不知道盖子已经去掉了，它还是在原来的那个高度继续地跳。三天以后，这只跳蚤还在那里跳。一周以后，可怜的跳蚤还在玻璃杯里不停地跳着。

之所以会这样，不是因为跳蚤丧失了跳跃能力，而是它在遭受挫折后变得心灰意冷。虽然玻璃罩已经揭开，但跳蚤却连“再试一次”的勇气也没有了。它失去了求生的态度，其实只要鼓足勇气再来一次，完全可以获得新生。

对于年轻人来说，不管现在多么贫穷或者多么笨拙，只要有积极进取的心态和成就事业的态度，总有一天会脱颖而出，取得成功。很多时候，我们无从选择，比如出生，比如工作、比如死亡；很多时候，我们又有许多选择，比如笑还是哭、快乐还是忧伤。选择什么，完全取决于我们对待事物的态度。

罗斯福说过："杰出的人不是那些天赋很高的人，而是那些把自己的才能在尽可能的范围内发挥到最高限度的人。"的确，一个人的世界观和处世态度，往往决定了他一生的前途和命运。所以，我们只要态度端正，就会拥有"神力"，就会知道自己是个什么样的人，并且向着自己设定的目标努力。

有人说，就算我们失去了一切，但至少我们还能以踏实的态度去生活。的确，态度永远是我们成功的基石，它能够承载能力，也可以为能力导航。所以，成败的关键不在于拥有什么样的出身，拥有多高的智慧，而在于我们做事的态度。积极的态度使人向上，消极的态度使人沉沦。从这种意义上来说，态度，能够改变人生，更能够铸就辉煌的人生。

拆掉思维里的墙，你还可以这样活

古人云：君子日有三变。意思是说，君子一日三思，次次不同，次次都有新的见解。现代人说，我思故我在，我变故我在。显而易见，思维是行为的先导，而变化发展是人的一种内在的独特要求。我们若想在工作生活中如鱼得水，就要学会改变思维，才能一步步走向成功的彼岸。

不过，人们在一定的环境中工作和生活，久而久之就会形成一种固定的思维模式，我们称之为“思维定势”或“惯性思维”。它使人们习惯于从僵化、消极的角度来思考所遇到的人和事，这样就活不出更好的生命状态了。

我国明末思想家顾炎武在他所著的《日知录》一书中，讲述了这样的一个故事：

洛阳的钱思公非常富有，但他生性节俭，在用钱方面非常谨慎。他有好几个儿子，尽管都已经长大成人，但除了逢年过节之外，他很少给他们零花钱。这几个儿子不高兴了，便想着法子从老爹手里骗钱。

钱思公藏有一个心爱的笔架，这个笔架是用珊瑚做成的，造型美观，雕工精细，极为珍贵。他每天都要欣赏一番，如果哪天笔架不见了，他就心绪不宁，悬赏一万枚钱寻找这个笔架。

钱思公的几个宝贝儿子看准了这一点，找到了来钱的门道。如果谁缺钱花了，谁就会偷偷地把笔架藏起来，等钱思公悬赏一万枚钱寻找的时候拿出来，撒谎说是从外面找回来的，一万枚钱的赏金就顺利到手了。

过段时间，如果又有哪个儿子没钱花了，就又会上演一番丢笔架的好戏。结果，钱思公一年至少要支付六七次悬赏寻找笔架的钱财。

猛一听，这个故事滑稽而夸张，其实这样的事情在我们的生活中每天都在发生，这是一个典型的思维定势的案例。人一旦形成思维定势，就会习惯性地顺着定势的思维思考问题，不愿也不会转个方向、换个角度。

成大事者在遇到难题时善于换位思考，即从另外一个角度重新审视自己和环境，以便找到新的人生机遇和突破点。有什么样的思维就有什么样的出路，拆掉思维里的墙，你本可以活得更好。

在生活中，我们常常会遇到难以解决的问题，有的人会选择放弃，有的人会选择不达目的不罢休，而有的人会改变思路，寻找解决问题的新方法。毫无疑问，最后一种人是最有可能解决问题的。

一些专家在研究汽车的安全系统如何保护乘客在撞车时避免受到伤害，他们想要解决的问题是，在汽车发生冲撞时，如何防止乘客在汽车内移动而受伤。

在种种尝试均告失败后，他们想到了一个有创意的解决方法，那就是不再去想如何使乘客绑在车上不动，而是去想如何设计车子的内部，使人在车祸发生时最大程度地减少伤害。最后，他们不仅成功地解决了问题，还开启了汽车设计的新时尚。

换一种思维看问题，就打破了自己的习惯思维，这样，必然会有不一样的结局出现。很多时候就是看似不起眼的一步，可能会令局面大为改观。因此，当我们的努力迟迟得不到回报的时候，当我们的付出远离我们的预期的时候，就要学会改变，学会拆掉思维里的墙。试着改变一下努力的方向，事情就会大有转机。

不要固执己见，要懂得变通

生活就像一条长河，当“山穷水尽”时，我们随机应变，另辟蹊径，才会出现“柳暗花明”。水随形而方圆，人随势而变通。水无形，所以可以随着盛装它的器皿而变化；而人要顺势，就要懂得适时变通。灵活应变，才能路路畅通，变通是一种人生的境界。

纵观古今，无论是帝王将相，还是贩夫走卒；无论是巨贾工商，还是平民百姓。成功者大多是敢于变通、善于变通、会变通的人。学会变通，就等于拥有了生存立世之本。

二十世纪四十年代，方块糖虽然用防湿纸包装，但不管密封纸张有多厚、有多少层，时间一长，方块糖仍然会渐渐变潮，甚至发黄。制糖公司请了不少专家，耗费了不少资金，就是找不到有效的防潮方法。

在一家制糖公司，有一名叫科鲁索的普通职员，他对方糖的性能非常熟悉，在工作之余，他琢磨着想找一个有效的防潮方法，但尝试了很多方法都没有效果。

这天，科鲁索异想天开地想：能不能反向思维尝试一下呢？于是，他在方糖的包装纸上打了一个洞，结果，空气的对流使得方糖受潮现象一下就消失了。就这样，因为变通，科鲁索最终解决了很多专家都无法解决的问题。

可见，善于变通思维，就能找到解决问题的好办法。否则，不懂变通、固执己见，只会让自己陷入死胡同。

王安石在实行变法的时候，反对的人比赞成的人多，他却打定主意推进新政。有人因此批评他“拗”，称他是“拗宰相”。改革举措中包含一些激进的成分，他的属下中混入了不少附己佞己的小人。虽然有人指出了问题，王安石却听不进去，不懂得择善而从，不懂得任人唯贤，结果，固执己见的他最终变法失败。

灵活应变，才能路路畅通，众多事例向我们证明了变通的高明。懂得变通，是我们通向成功的重要条件；懂得变通，能使我们少走弯路，在困境中寻找到最好的解决方法。

当今社会，瞬息万变，如果墨守成规，恐怕迟早要被淘汰。做人做事要学会变通，不能太死板，要具体问题具体分析。不要被经验束缚了头脑，要冲出习惯性思维的樊笼。如果我们还故步自封、安于现状，哀叹着“不是我没能耐，只是世界变化快”，那么还有什么比这更可悲的呢？

萧伯纳曾说：“明智的人使自己适应世界，而不明智的人坚持要世界适应自己。”变通是天地间的大智慧，是才能中的才能。学会变通，可以收获快乐的人生。有时候，不同的思维能够决定一个人的悲和喜，当你有泪时，变换一种思维看问题，或许就能收获微笑。

莫里哀也曾说：“变通是才智的试金石。”世间万物都在变，没有变化就会落后，没有变化就无法生存。事变我变，人变我变，适者方可生存。成功离不开变通。

从某种意义上讲，变通就是寻求一种解决问题的新方法。遇到新的情况，就换新的想法去应对。如果只是墨守成规，不知道运用巧思，灵活变化，不要说成功了，还有可能会吃大亏。我们只有懂得变通的道理，才能在激烈的社会竞争中拨云见日，独占鳌头；在漫长的人生道路上身心愉悦，和谐幸福。

第五章

即使卑微，
也要活出灵魂的质量

我们或许渺小，但从未胆怯；我们或许卑微，但绝不扭曲。正因为如此，生命才能绽放最美的色彩。所以，即使我们是一粒飞扬于世间的尘埃，不奢求生命多么恣意挥洒，只要坚守不复迷失，便是无憾。

不要让自己成为情绪的奴隶

“人有悲欢离合，月有阴晴圆缺”，这其中的“悲欢”简单来说就是我们的情绪。情绪是人类面对世界的心理反应，正如日出日落，月圆月缺一样，情绪也会时好时坏，这种变化和波动是十分正常和自然的现象。可以说我们的生活离不开情绪，它与我们每天的生活形影不离。

情绪有两种，分别为消极的和积极的。我们所必须做的就是不能让自己成为情绪的奴隶，不能让那些消极的心境左右我们的生活。可以毫不夸张地说，学会控制自己的情绪是生活中一件生死攸关的大事。因为消极情绪危害我们的身体健康和生活，甚至我们的人生也会因为消极的情绪而毁于一旦。

有的人只要情绪一来就什么都顾不得了，什么难听的话都敢说，什么伤人的话都敢骂，甚至还做出后果严重的违法乱纪的行为来，这就是人的情绪化。

有什么样的情绪反应，就有什么样的生活。你兢兢业业却总不能升职，你是忍气吞声还是据理力争或者干脆炒老板鱿鱼？一时冲动和爱人吵架，你能不能先冷静下来，还是各不相让以致感情破裂？你苦口婆心，可孩子就是不听话，你能否保持心平气和，还是暴跳如雷，甚至拳脚相加？

正确调节自己的情绪，并理解他人的情绪，可以让生活顺风顺水。

错误表达自己的情绪，忽视甚至误解他人的情绪，就可能招致不可估量的损失。几乎每个人都在与坏情绪做抗争，因为它是生活的一部分，你越回避，它就追得越紧。这迫使我们必须正面应对它、掌控它，将它对我们工作、生活的消极影响降至很低。

曾看到这样一个小故事：

有一天，陆军部长斯坦顿来到林肯那里，气呼呼地对他说一位少将用侮辱的话指责他。林肯建议斯坦顿写一封内容尖刻的信回敬那家伙。

斯坦顿立刻写了一封措辞强烈的信，然后拿给林肯看。林肯高声叫道："要的就是这个！好好教训他一顿，写得太棒了。"当斯坦顿把信叠好装进信封里时，林肯却叫住他，问道："你干什么？"

斯坦顿说："寄出去呀。"

林肯大声说道："这封信不能发，快把它烧掉吧。凡是生气时写的信，我都是这么处理的。你写这封信的时候已经解了气，现在感觉好多了吧，那么就请你把它烧掉，再写第二封信吧。"林肯建议的办法其实是用一种无害的途径来发泄有害的情绪，那么在现实生活中，我们怎样才能控制好自己的情绪，不做情绪的奴隶呢？

1. 承认自己情绪的弱点

每个人的情绪世界里都有他的优点弱点，长处短处，为此我们一定要认识自我情绪世界中的弱点和短处，不可以回避，更不可以视而不见。在承认的基础上再认真分析原因是什么，在什么情况下容易激动，然后再找一些方法去克服它。这样就可以随时随地提醒自己不要放纵。

2. 寻找产生坏情绪的原因

当你闷闷不乐或者忧心忡忡时，所要做的第一步是找出原因。找出问题症结后，分析自己在什么时间，什么环境下容易产生消极情绪，再集中精力对付它，避免坏情绪进一步扩散。

3. 控制自己的欲望

当一个人的行为都只与"我"字相关的"功"与"利"联系在一起

而不可以满足时，只与是不是可以不可以满足我需要的物欲联系在一起时，行为就为变得简单、浅显，就会产生情绪化行为。因此，要降低过高的期望，摆正“索取与贡献”、“获得与付出”的关系，只有加强了理性认识，才可能防止盲动的情绪化行为。

4. 储备能让自己快乐的事情

当自己不开心的时候，就拿出一个开心的事让自己快乐一下。譬如说每月拿出工资的十分之一为自己建一个购物基金，当自己不开心的时候，可以用购物基金给自己买一件心爱已久的东西，让自己变快乐。当然不只是通过花钱的方式，还可以是读一本喜欢的书籍，听听相声等等。

5. 学会正确释放和宣泄消极情绪

一般来说，当人处于困境、逆境时容易产生不良情绪，且当这种不良情绪不可以释放，长时间压抑时，就容易产生情绪化行为。为此，我们要适时地将它释放和宣泄出去。譬如多找一找好朋友谈心，以最拿手的方式参与社会活动，多找一些有乐趣的事干，从中去寻找我的精神安慰，精神寄托等等。哪怕只是散步十分钟，对克服我们的坏心情都能收到立竿见影之效。

控制好自己的人，才能做好想做的事

在每个人的心里，始终都住着一个魔鬼。它并不是能够取人性命的恶魔或者吸血鬼，也不是面目狰狞的撒旦，它是存在于每个人心中的自私、虚伪、愤怒、焦虑、不信任和不真诚的化身。当情绪失控时，魔鬼就会出现，它可以毁掉一切美好的东西。

曾看到这样一起刑事案件。有一个女子怀疑丈夫有外遇，便一气之下用安全带将其勒死了。当她被失控的情绪控制时，脑海中出现的是一只魔鬼的影子。这时，她会认为丈夫是魔鬼，要杀死它。

这说明，在失控时人们总觉得自己是正义的。除了自己，其他的任何人都应受到谴责。如果没有强大的自制力让自己停下来，他们都想把地球炸掉。

自制，从字面意思来理解就是自我控制。控制什么呢？简单来说，就是控制我们自己的情绪和行为。自制力不仅仅是自我制约，同时还有着自我督促的作用。当某些情绪促使我们要做出不理智行为时，自制力会抑制住这股冲动。但是当我们产生惰性或畏惧某些必须做的事时，自制力又会督促我们去勇敢执行。

自制力就像制动装置对于汽车，刹车失灵后果可想而知。没有自制力的人，迷失在欲望和诱惑当中，生活也会变得一塌糊涂。如果我们希望自己的生活理性而有序，充实而快乐，能够达成预期的目标，登上事业的巅峰，就必须修炼强大的自制力。懂得自制的人，生活也会有条不紊，充满理性。而缺乏自制力的生活是一团乱麻，完全失去控制。

人生充满各种各样的诱惑，金钱、美色、权力、地位等等，都会影响我们的命运。我们常说，人生要经得起诱惑。但是结果往往是不敌诱惑。

要战胜诱惑，就必须逆流而上，看看诱惑是建立在什么基础上。当面对某种诱惑时，你就会动心，产生强烈的渴望，迫不及待地想得到它。有什么样的需要，就会产生什么样的欲望，有什么样的欲望，就会产生什么样的动机和追求。在强烈的动机和追求的牵引下，面对外界投其所好的诱惑，我们往往会极其敏感而冲动。

想要抵御外界的诱惑，加固内部防御力量很重要，也就是控制内心的欲望，比如贪欲、权欲、色欲。正当的需要，在法律允许的范围内尽量去满足它，而不正当的需要就要去抑制它，约束它。把它管住了，外界诱惑力再大也是无济于事的。这样，即便是外部环境不好，歪风邪气盛行，也会出淤泥而不染的。

这个世界没有绝对的强者，也没有绝对的弱者。如果你能够控制自己的性格弱点，不再做性格的奴隶，你就能成为生命的强者，成为人生的主人，把握自己的命运，让自己的人生更加丰富多彩。

人人都有惰性，总是趋利避害做简单的事情，可是社会又是优胜劣汰制，我们要提高自制力，提升自己的生存技能。那么，如何才能控制好自己，提高自制力呢？

1. 稳定情绪

自制力是要我们理性处理事情，表现于外在就是要保持情绪稳定。因为大家都知道，当情绪失控的时候，我们是无法去冷静处理事情的，往往此时是最没有自制力的时候。所以，要想提高自制力，首先要提醒自己保持情绪稳定。

2. 远离诱惑

我们都不是圣人，没有人能做到在诱惑面前不动心。我们要努力切断身边的诱惑源，来实现更大程度上的自控。在远离诱惑这点上我的做法就是对自己狠一点。对于诱惑这种东西，惹不起，难道你还躲不起?

3. 摒弃杂念

我们常会遇到这样的情况，有一件工作需要我马上去做，可在做的过程中突然又萌生出了其他很好的想法，就会放弃现在的工作，用十分钟去做想到的事情，结果一个又一个十分钟过去了，我们从一个想法跳到另外一个想法，该做的工作没有做完。所以，我们在做一件事情的时候要摒弃杂念，这样才能提高自制力。

4. 坚持到底

自制力低的情况，不仅表现在一些事情的做与不做，更容易表现在做一件事情虎头蛇尾。刚刚开了好头，就有其他事情吸引了眼球，想着回来再做，其实再回来已经没有了当时的灵感。所以，一旦开头之后就要坚持到底。

学会坚强，不能总向自己的软弱妥协

我们的生活，并不是每天都是晴天，都充满阳光，有时它也会刮起狂风，下起暴雨，让你失魂落魄。但生活不是用来妥协的，你退缩得越多，能让你喘息的空间就越有限。日子也不是用来将就的，你表现得越卑微，一些幸福的东西就会离你越远。

我们每个人都要直面自己的内心和现实状况，用最勇敢的姿态和最坚强的内心去面对生活中的风风雨雨，成为最好的自己。也许，坚强是一场戏剧，能让人们破涕为笑；也许，坚强是一片镇静剂，能让垂头丧气的人精神立刻为之一振；也许，它是一曲催人奋进的乐章，指引着我们在人生的道路上，勇敢地向着未来冲刺。

世上没有永远阴郁的天空，没有永远龟裂的土地，也没有永远灰暗的人生。就像海伦·凯勒，虽然看起来她失去正常的生活，但是她却以顽强的毅力战胜了这一切。那种在苦难面前挺身不倒的姿势，俨然就是个胜利者，又何谈失败？所以，只有以“站立”的姿势对待不幸的人生，才能使不幸变为幸运！

韩寒说过，“青葱的岁月，人生最精彩的不是实现梦想的瞬间，而是坚持梦想的过程……如果你为自己定的所有目标都已达到，那么说明你定的目标还不够远大……付出真心，才会得到真心，却可能伤得彻底；保持距离，才能保护自己，却注定永远寂寞……人生就像一杯茶，不会苦一辈子，但总会苦一阵子……人生的冷暖取决于心灵的温度。”

的确，如果你想要战胜命运，那么你要付出辛勤的汗水向这个目标奋斗，你要学会坚强，学会坚毅，不怕失败，命运之神自然会对你青睐有加。

黑人领袖马丁·路德·金说过，“这个世界上，没有人能够使你倒下。如果你自己的信念还站立的话。”说到底，不倒下其实很简单，不过是一种最平实、最自然的信念，它并不需要你有过人的智慧，也不奢望有人会扶持你。其实，摆脱痛苦就这么简单。不需要安慰，不需要哭泣，更不需要心理咨询师帮你解除，你只需微微一笑，告诉自己要勇敢。

不得不说，人都是脆弱的，但决不能懦弱，面对命运的打击和挑战，面对别人的风言风语，你应该做的不是哭泣，而是坚强和勇敢，保持清醒冷静的头脑，坦然面对生活，从容面对现实。只有这样，我们才有希望演绎出辉煌的成就和个性的自我，才能成为一个无坚不摧的人。

人生旅途中，我们经常会感到迷茫和胆怯，踌躇而不知如何前行，甚至害怕跌倒和失败，害怕被社会打磨得过于世故圆滑，害怕成为自己曾经最讨厌的那种人。其实，只要学会坚强，不向自己的软弱妥协，每个人都能直面自己的内心和现实状况，用最勇敢的姿态和最坚强的内心去面对生活中的风风雨雨，成为最好的自己。

朋友们，当你感到痛苦时，请坚强一点，相信总有那么一天，你会看见蓝蓝的天，白白的云，还有你嘴边会挂上甜甜的微笑。那些坚强的人也会有痛苦，或许比你的痛苦更多，但他们的脚步仍是那么轻盈，遇到困难扬一扬眉毛，甩一甩头发，不愉快就会随风而散。

最后，我还想说，如果仅仅只是因为幸运，成功也只是一时。第一次成功是上天给的，第二次的绽放是靠自己努力得的，好好扮演自己的角色，坚强一些，才能演绎出更加精彩的人生。

跨过自卑这道虚拟的防线

在生活中，自卑的人总感觉处处不如别人，自己看不起自己，“我不行”“我没希望”“我会失败”等话总是挂在嘴边。自卑的人往往自尊心极强，自卑与自尊经常会发生冲突，这种冲突会造成极其浮躁的心理。

很多人都曾有过自卑的念头，都领教过它的威力，但千万不要让这种危险的念头主宰了你。因为自卑感一旦产生，就会渐渐地蔓延，从而产生错误的心理定式，带来一系列消极的影响，主要表现如下：

首先，产生错误的心理定式。心理定式对人的心理活动既有积极的影响，又有消极的影响，一旦形成了不良的心理定式，就会造成一种障碍，影响人们对事物的认识。不仅自卑还会埋没和扼杀人才，许多人的失败不是因为他们不能成功，而是因为他们不敢争取。总之，自卑感所带来的错误心理定式一旦形成，将严重阻碍人的发展。

其次，引发出人际关系的障碍。一方面，自卑者变得敏感多疑，总是觉得别人在背后议论自己、嘲笑自己，因此往往以一种消极或错误的防御形式来保护自己，独来独往，不敢与别人正常相处；另一方面，有自卑心理的人易产生“晕轮效应”，即以偏概全、以点概面，人们只看到自己的不足，而忽视了自己的优点，这样就形成消极的自我评价的恶性循环，造成人际关系的不和谐。

再次，带来心理与行为上的困扰。自卑感强烈的人，心理脆弱，经受不起挫折，适应力差，性格抑郁沉闷，遇事往往自愧无能、踟蹰不前，或者稍遇困难挫折就打退堂鼓，缺少毅力，往往认为无法办到半途而废。因此，一个人若被自卑感所笼罩和统治，他的精神活动就会遭到严重的束缚，从而使聪明才智和创造能力受到严重的压抑，无法发挥自己的作用。

可见，自卑心理是压抑自我的精神枷锁，是一种不良的心境。它消磨人的意志，使人锐气钝化、畏缩不前、自我怀疑、自我否定，最后，要么无所事事，要么碌碌无为。既然自卑是不正常的心理活动，我们就应该及时予以清除。

1. 警惕消极用语

如果你经常使用一些消极性的自我描述用语，如“我就是这样”“我天生如此”“我不行”“我会失败”等，就只能使你更加自卑。把这些句子改成“我以前曾经是这样”“我一定要做出改变”“我能行”“我可以试试”“这次会成功的”，并且要经常对自己说或写下来贴在你房间的床头和书桌上。

2. 学会开心

容易自卑的人，性格大多比较抑郁，不爱说话，大多时候的心情都是阴天，心情不好，看自己任何事都是不顺的，看别人却是哪里都比自己好，自卑感会越来越重，所以我们一定要学会开心，学会微笑面对。在微笑中我们能吸取失败的经验，轻轻松松地迎接下一次挑战。你可以微笑着告诉自己，一次失败不能证明全部失败，只有放弃尝试才必定失败。只要心情阳光，自卑当然就一扫而光了。

3. 从另一个方面弥补自己

一个人这方面有缺陷，可以从另一方面谋求发展。只要有了积极心态就可以扬长避短，把自己的某种缺陷转化为自强不息的推动力量，也许你的缺陷不但不会成为你的障碍，反而会成为你成功的条件。因为它促使你更加专心地关注自己选择的发展方向，促成你获得超出常人的动力，最终取得成功。

4. 敢于尝试

很多时候，我们都习惯了安于现状，有可能会对现状有所抱怨，可就是不愿意去尝试新的机会，我们只会认为新的尝试有太多的未知因素，害怕得不偿失。其实，就是在找借口去改变，也就把自己的能力局限掉了。我们需要把现状打破，敢于尝试，打掉自卑，让自己有个新的突破，用行动证明自己的能力与价值。这样，每一次成功都将强化我们的自信心，弱化我们的自卑感，一连串的成功则会使我们的自信心趋于巩固。

5. 全面了解自己，正确评价自己

我们不妨将自己的兴趣、嗜好、能力和特长全部列出来，哪怕是很细微的东西也不要忽略。这样我们就会发现自己有很多优点，并且对自己的弱项和遭到失败的地方持理智和客观的态度，既不自欺欺人，又不将其看得过于严重，而是以积极的态度应对现实，这样自卑便失去了温床。

6. 不要过于迁就别人

有些人有些小自卑，不懂拒绝别人，到处迁就别人，这样就造就了别人对自己的忽视，对自己的不够尊敬，于是自己就越来越自卑。这个坏习惯必须改掉，我们要有自己的性格，有自己的脾气，合理的坚持是必须要有的，要敢于拒绝，这样别人自然会尊重我们的意愿，尊重我们这个人，这个时候的我们自然就不会自卑了。

7. 每天给自己一个希望

在这个世界上，有许多事情是我们所难以预料的。我们不能控制机遇，却可以掌握自己；我们无法预知未来，却可以把握现在；我们不知道自己的生命到底有多长，但我们却可以安排好现在的生活。每天给自己一个希望，让自己的心情放飞，自卑就会在不知不觉中随风而去了。

即使卑微，也要活出灵魂的质量

如果发出声音是危险的，就要保持沉默吗？如果自觉无力发光，就放弃去照亮别人吗？如果我们微若芥子，难道就要拒绝发声吗？我想起歌手汪峰在一首歌里唱道：“是否找个借口继续苟活，或是展翅高飞保持愤怒？是否找个理由随波逐流，或是勇敢前行挣脱牢笼？”

不可否认，“寄蜉蝣于天地，渺沧海之一粟”正是我们生命的真实写照，作为浩瀚的宇宙中一个再微小不过的种群，我们在匆匆而过的岁月长河里沉浮着，在命运的寒风里瑟缩着。即便是从我们所处的这个人类群体来看，我们也并非都是最伟大的个体。但是，我们依旧可以选择自己应有的姿态，或许卑微，绝不扭曲。

曼德拉说过，“如果天空是黑暗的，那就摸黑生存；如果发出声音是危险的，那就保持沉默；如果自觉无力发光的，那就蜷伏于墙角。但不要习惯了黑暗就为黑暗辩护；不要为自己的苟且而得意；不要嘲讽那些比自己更勇敢热情的人们。我们可以卑微如尘土，不可扭曲如蛆虫。”的确，就算我们活的再卑微，也要维护自己的尊严，要有自己的底线。

荀夜羽在《琉璃火》中写道，“越要接近那光焰，背后身影越黑暗”。这或许正是我们大多数人正在面临的困境——因为恐惧，我们很容易被黑暗笼罩、吞噬，甚至改变。当越来越多的人远离了初心，背叛了梦想，是时候调整人生的航向了。

“风可以吹起一张白纸，却无法吹走一只蝴蝶，因为生命的力量在于不顺从。”冯骥才如是说。白纸放弃抗争才被风吹走，蝴蝶敢于抗争，从而逃脱桎梏，逆风飞翔。

生命的力量在于不顺从，面对种族隔离，白人统治的南非，黑人太过卑微，但是曼德拉并没有选择沉默，而是选择了抗争，翻开了黑人运动的新篇章，与种族隔离的狂风抗争，在种族歧视的黑暗中发光。纵使生命卑微，也不愿扭曲如蛆虫，不是沉默，不是忍受，不是顺从。

或许，我们成不了烛照黑暗，洞悉光明的烛火。但是，就算宁静淡泊且安于一隅，也不应成为寄生于黑暗的蝙蝠。可能，我们不是那只志存高远的北冥之鲲，置身阴冷无边的冥海依旧守望春暖花开的南冥，但我们也不屑成为斥鴳，只会去讥笑那些比我们勇敢热情的鲲鹏。生命可以无波无澜，但若是仅仅在死水中逐流，又有什么意义？

白岩松曾说过，“我们不是在看一个时代的笑话，你也是身在其中一员”。也许，我们做不到像嵇康那样，在刑场上仍白衣傲骨，一曲广陵散诉说着从容淡然；也许，我们做不到像李白那样，大笑着“安能摧眉折腰事权贵，使我不得开心颜”；也许，我们做不到像布鲁诺那样，在罗马宗教裁判所前鲜花广场的熊熊烈火中，做一个背叛了神灵的真理的捍卫者。但是，我们还是可以成为一个平凡而正直的人。我们卑微如尘土，但不会扭曲如蛆虫。

在这个世界，有香味的灵魂越来越少。就让我们用正义的声音驱散阴暗，让正直的光芒划破天际，让这不公平，不自由的世界，充满正义的力量。

古有林则徐“苟利国家生死以，岂因祸福避趋之”，今日我要说：“即使卑微，也要活出灵魂的力量！”所以，即使我们是一粒飞扬于世间的尘埃，不奢求生命多么恣意挥洒，可只要坚守不复迷失，便是无憾。

对自己狠一点，活得更真实一点

人与人之间的差异不到百分之零点三，从某种意义上排除了投胎的因素，就可以说，大家都在同一个起跑线上开跑。但为什么成功人士的数量只是金字塔尖上的一小群？是什么拖了你成功的后腿？

没有明确目标，没有时间观念，太舍不得压榨自己，做事不上心，贪图安逸……伤心人都能总结出太多失败的理由。但今晚痛哭过后，明天仍然走在老路上。这样无原则的人生，你再不摆脱就老了。

绝大多数人在绝大多数时候，都只能靠自己。没有背景，没遇到贵人，没有高学历，这些都不碍事。关键是你需要对自己下狠手，事业、生活、爱情都是如此。当然，对自己狠一点，并非是为了达成目的而不择手段，也不是明知山有虎，偏向虎山行的愚勇，它是对自己要求高一点，该做决断的时候痛快一点。

狠是一种意志，一种为了完成自己奋斗目标而百折不挠的坚强决心。狠是一种骨气，活着就要活出尊严。想让将来的你感谢现在努力奋斗的自己，就不得不把握好年轻的这一资本，在坚持失败与渴望成功之间，不狠则不能摆脱旧习，不狠则不能脱胎换骨，不狠则不能高速行进。

人生中，经常有无数来自外部的打击，但这些打击究竟会对你产生怎样的影响，最终决定权在你自己手中。只有经历过炼狱般的折磨，才有征服天堂的力量。只有流过血的手指，才能弹出世间最美的音乐。每个人都有潜能，一个人的成长必须通过磨练。有时候，必须对自己狠一点，否则永远也活不出真正的自我。

英国哲学家霍布斯早就在《利维坦》一书中提出了“人对人是狼”的经典论断，他从人性的“自然欲望公理”推出了“一切人对一切人的战争”，再由人的“自然理性公理”归结出了自我保全原则。在这个弱肉强食的社会大丛林里，最终能够决定我们成败的只有一个因素，那就是狠，你对自己越狠，社会就会对你越宽容，你也就越接近成功。

古往今来，但凡成功者，无一不是经历过一番艰难困苦的人。无论政治家、企业家还是情感专家都在推崇“对自己狠一点”。企业的成长需要狼性，个人的成长同样如此。对自己狠一点，这不是在精神上折磨自己，而是时刻要求自己努力奋斗。历尽磨难而生的人，无论在哪里，无论做何事，都会有所成就。

前怕狼后怕虎，注定永远找不到新出路，有时我们自以为安全的做法反倒是未来成功的刽子手。实际上，不论我们做什么，都不要去预料结果，因为每当你考虑结果时，总是会想到一个无比糟糕的结局。畏缩不前是成不了什么大器的，想成功必须主动出击，下决心时对自己狠一点，自然就能离成功近一点。

在现实生活中，不是东风压倒西风，就是西风压倒东风。你不敢对自己狠，世界就会对你更狠，唯有敢对自己下刀子，世界才可能变得宽容。想成功很简单，从现在开始对人、对事、对自己都要狠一点。有时候，我们只有鼓足勇气，打破虚荣的人格面具，才能回归本色，活得像自己。突破自己的虚荣心需要一些坚决果断，只有对自己狠一点，才能活得更真实。

嚼得了菜根，才能做得了大事

在南京大学校园里，有一块刻有“两江师范学堂”六个魏碑体大字的石匾，石匾的题字者是我国近代著名教育家和书法家李瑞清先生。1905 年至 1911 年，李瑞清出任两江师范学堂监督（校长），他主政期间提出了“嚼得菜根，做得大事”的校训，倡导“俭朴、勤奋、诚笃”的校风。

“嚼得菜根，做得大事”。短短数字，却意味深长。菜根虽苦，耐性细嚼者方可知其香。人生诚难，静心审视者才能得其真。质朴无华的语句，蕴含着同样质朴又极深的意味，这是先贤对后人的警示，切忌急功近利，唯有默默积累，才能求得日后的勃发，这与“积跬步而致千里”说法颇有异曲同工之妙。

记得看过这样一篇报道：先后去过二十多个国家的留德博士戴富祥归国后，在江苏省扬州市开设了一家名为“阿里郎韩国料理馆”的餐馆。由于该餐馆的菜肴风味正宗，环境设计充满情调，开张不久就成了扬州及周边县市韩日商人的定点聚餐地。

还有一篇类似的报道：西安交通大学三名在读硕士研究生在学校附近开了一家连锅汤店，因为汤店定位准确，特色鲜明，生意做得颇为红火。

这两篇报道引起了人们的激烈讨论：一些市民认为，戴富祥留德博士开餐馆是人才的浪费，如果要开餐馆根本不需要去留学。而另一些市民认为，博士放下架子去经营小餐馆，对高素质人才改变就业观念是一个触动。对三名硕士生，有的人认为他们三个学工科的研究生开连锅汤店，简直就是大材小用。有的人却很羡慕他们在读书期间就能有一个创业的机会。总之，有人认为是“大材小用”，也有人认为这是“新就业观”，值得提倡。

当记者去采访时，戴富祥表示，他在外面学了不少东西，想为积累的知识找一个“试验田”，检验一下自己的能力。这次开店是为自己将来涉足食品制造业积累经验。三名硕士生则说，他们现在所做的一切是为将来的发展建立人际网络，做餐饮只是未来发展计划的很小一部分，大家的终极目标是搞一个含地产、软件等为一体的跨国实业集团。

实践证明，恰恰是这种充分张扬了人的主观能动性的价值观念，打碎了长期以来束缚在人身上的各种枷锁，从而强有力地推动了个人的进步与社会的发展。

在三名硕士生开的连锅汤店里，有八个字随处可见，那就是“嚼得菜根，做得大事”。硕士老板们说，这八个字是他们永远的创业理念。这说明新一代知识分子正在以脚踏实地、求真务实的姿态，信心满怀地开拓自己的美好未来。

人生没有草稿，篇篇都是正文。在纷繁的日常工作中，我们不应该好高骛远、急功近利，一味想着办大事，立大功，而忽略了我们最应该做好的那些小事。正如古人所言，路漫漫其修远兮，吾将上下而求索。那种语言的巨人，行动的侏儒是万万要不得的。这种行动落实在日常生活中，我们要有“嚼得菜根，做得大事”的精神，不怕吃苦，不管做任何事情，都要脚踏实地。

别那么轻易原谅自己

二十几岁的时候，我们常常信誓旦旦地对别人说：“我是一个非常有责任心的人。”可是，一旦自己在工作中出现问题，往往首先考虑的不是自身的原因，而是把问题归罪于外界或者他人。其实种种借口的背后隐藏着一个非常简单的问题，就是缺乏个人责任感。

在生活中，我们难免会遇到许多困难与困惑，甚至在一段时间内会陷入某种茫然不知所措的困境中。不管我们面对什么样的事情，处理什么样的问题，都必须坚持这样一个原则：不要轻易原谅自己，不要让找借口成为自己逃避责任的习惯。

要知道，找借口是一种可悲的行为，是对恶劣的工作态度和不称职的工作能力的一种掩饰。有些人总是能找到层出不穷的借口来为自己推脱。长此以往，别人都在提高，而他自己却始终无法胜任自己的岗位，只好眼睁睁地看着岁月流逝，错过各种机会。

大学毕业后，李刚进入一家 IT 公司工作，公司的业务主要是提供网站建设服务，为其他公司提供电子商务平台产品。他最近和某小公司谈业务，来来回回已经提交了三份网站建设框架方案建议书，可客户依然不满意。李刚就有些不耐烦了，便向经理汇报，准备放弃这个客户。

经理把李刚的建议书拿过来看了一下，发现几份建议书大同小异，便向李刚问道：“你是否和客户进行过详细交流？”李刚推脱说：“这些天一直在忙着跟一个大客户谈业务，所以顾不上这个多事的小客户。”经理又问道：“那你是否对该公司的平台需求进行过调研？”李刚敷衍道：“宣传型网站没什么好调研的。”

李刚的这种工作态度让经理大为恼火，他不客气地批评道：“遇到问题不去想办法解决，反倒为自己找借口，客户怎么会满意呢？”

面对经理的批评，李刚一肚子的不服气，认为自己并没有找借口，只是觉得没有必要为一个小客户浪费那么多精力罢了。在今后的工作中，每当客户回绝李刚的方案时，李刚总是有各种各样的借口来应对经理的询问。最后，李刚被公司辞退了。

西点人最优秀的地方在于，他们不仅仅牢记“没有任何借口”，而且善于再不找借口之后主动工作、完美执行。正是这种主动性和强大的执行力保证了西点人在面对任何困难时，不仅勇敢、敬业，而且有能力、有办法、有信心去百分之百完成任务。

人生有太多的不顺，等待着我们去处理。怎能过多的原谅自己，再三放松对自己的要求。过多的原谅表示自己缺少决心和信心，过多的原谅自己，等到退休的年龄就只剩下了深深感叹。有些障碍，唯有跨越它，才能安心往前走。

纪伯伦说过：“我的心灵告诫我，它教我不要因一个赞颂而得意，不要因一个责难而忧伤。在心灵告诫我之前，我一直怀疑自己劳动的价值和品级，直到今日为它们派来一位褒扬者或诋毁者。可是现在我已明白，树木春天开花夏天结果并不企盼赞扬，秋天落叶冬天凋零并不害怕责难。”

不惧别人的责难，悲伤了就抱抱自己，犯错了也不找借口，更不轻易原谅自己。愿我们身边的每个人都善者得乐。

第六章

掌控自己，
该奋斗的年龄不要选择安逸

生活不是等待暴风雨过去，而是学会如何在暴风雨中向太阳奔跑。没有殷实的家境，没有显赫的背景，要想在残酷的竞争中实现逆袭，唯有靠我们去拼，去坚持。做人要担得起责任，经得起打磨，只有经得住诱惑，耐得住寂寞，你才能成为一个拥有正能量的、幸福的人。

耐得住寂寞，方能守得住繁华

王国维曾经形容古今之成大事业、大学问者必经过三种境界，第一境界“昨夜西风凋碧树，独上高楼，望尽天涯路”；第二境界“衣带渐宽终不悔，为伊消得人憔悴”；第三境界“众里寻他千百度，蓦然回首，那人却在，灯火阑珊处”。

其实，在人生路上，每一步都是艰难的，我们只有坚持走完，再回头才能感受那份快乐，才能享受那份成功后的喜悦。梦想的路，没有那么好走，在我们还没有获得成功之前，我们将忍受种种孤寂和艰难。一个人如果没有这份韧劲，是很难实现梦想，走向成功的。

在古时候，一茶、一饭、一书卷就是满满的幸福。而如今，一房、一车、一电脑也未必会深感富足。浮华的信息时代，吵嚷的声音太多，烦扰的因素太多，我们难免会落入寂寞，难免受到各种各样的诱惑。面对外界的诱惑和内心的寂寞，我们该何去何从呢？答案只有一个，那就是人生要经得起诱惑，耐得住寂寞。

在生命的旅程中，任何生命个体都不可能摆脱寂寞。寂寞使空虚的人孤苦，寂寞使浅薄的人浮躁，寂寞使睿智的人深刻。虽然现代社会物欲横流，诱惑多多，对耐得住寂寞提出了前所未有的挑战。但在节奏加快、竞争加剧、生存压力空前的当今社会，要想安身立命，必须耐得住寂寞。

耐得住寂寞是一个人自我丰富成熟的重要标志，也是一个人能够做出一番成就的重要条件，更是一个人能够收获幸福，守住幸福的重要因素。但凡成功之人，往往都要经历一段没人支持，没人帮助的黑暗岁月，而这段时光，恰恰是沉淀自我的关键阶段。犹如黎明前的黑暗，挨过去，天也就亮了。

耐得住寂寞，要有淡泊之心。必须保持心底的那一份纯净，守静如一，安之若素。必须保持对诱惑的一种警觉，闹处不闹，躁处不躁。这样才能宠辱不惊，最后有所作为。耐得住寂寞才能不为外物所诱，抛开私心杂念，既不浮躁也不盲从，保持正确的人生态度和价值取向。才可以对真正所爱好的事情专情凝注，心无旁骛。不怨天尤人，不妄自菲薄，也不见异思迁，向着既定的目标坚持不懈地走下去，最终总会有所收获。所谓千里马，不一定是跑得最快的，但一定是耐力最好的。可以抱怨但必须忍耐，可以寂寞但不能沉默。

当代知名的历史学者阎崇年先生自从 1962 年开始研究清朝历史，一直都没有动摇过。正是这几十年如一日的摒除诱惑，悉心治学，才使得他在 2004 年初登央视《百家讲坛》即一举成名，时年已经七十岁高龄的他，也自此从一位业内知名的精英人物成为全国知名的公众人物。

有一个记者向美国一家芭蕾舞团工作的首席女芭蕾舞明星问道：“您最喜欢吃的食物是什么？”这位首席女芭蕾舞明星不假思索地回答说：“冰激凌啊！”记者又问：“那么，您是隔多长时间才会放纵自己吃一次冰激凌呢？”女芭蕾舞明星说：“我至少已经有十八年没有尝过那种美妙的滋味啦！”可见，正是这份懂得拒绝的坚持，才成就了她的地位。

我最喜欢的一句话是“西方音乐教父”巴赫的父亲对幼年巴赫的一句教诲，“耐不住寂寞，是不会成功的。”

巴赫的叔父是当时市乐队的指挥，他发现巴赫对音乐非常敏感，并且十分痴迷，于是他找巴赫的父亲商量让巴赫学音乐。兄弟俩经过一番激烈的讨论，巴赫的父亲才勉强同意。巴赫的父亲通过一段时间的观察，发现巴赫的确具有音乐天赋，于是他非常严肃地对巴赫说："学习音乐需要不断努力和勤奋才行。耐不住寂寞，是不会成功的。"

三岁的巴赫开始了音乐学习，他先从学习小提琴开始，每天拉啊，推啊，悬肘，运力……这一推一拉的动作单调枯燥，而且声音也不堪入耳。很多人就是不能忍受初学期间枯燥和噪音的折磨而放弃的，而巴赫硬是坚持了下来。据说，巴赫每天在院子里的草坪中间练琴，每当手指疼痛难忍的时候，他就拔几根草，用草汁止痛，时间长了，他站的那块草地竟然被他拔秃了一圈。

在学习小提琴之后，巴赫又学习了中提琴、管风琴等乐器。巴赫十八岁的时候，就担任了多处教堂和宫廷的乐长，以及管风琴师。

演奏乐器只是巴赫的音乐才能之一，真正带给巴赫世界性影响的是他的音乐创作。巴赫一生创作了两百多部作品。巴赫耐住了寂寞，最终获得了成功。

不能不说，耐得住寂寞，要有坚守之心。很多人难以成功不是没有能力，而是没有耐心，或者说是耐不住寂寞。不少人就是迈不过这道坎，害怕、退缩、放弃、变向，结果只能与成功失之交臂。艰难的时候，虽然努力追求了不一定会有所收获，但不努力追求肯定没有一点希望。只有坚定地走下去，把坎坷的生活变得舒心自信，把苦难的时光变得轻松自在，才能度过黑暗而迎来光明，寂寞也就迎刃而解了。

生活不是等待暴风雨过去，而是学会如何在暴风雨中向太阳奔跑。没有殷实的家境，没有显赫的背景，要想在残酷的竞争中实现逆袭，唯有靠我们去拼，去坚持。只有经得起诱惑，耐得住寂寞，你才能守得住繁华，你的人生才能达到上善若水的至上佳境。耐住寂寞，享受孤独，保持一颗孤勇向前的心，不断努力就一定会获得成功，就一定会获得别人的喝彩，就一定会在自己的人生舞台上绽放光芒！

掌控世界从掌控自己开始

在现实生活中，多数人是不成功的，或者说是自认为不成功。如果列出一些选项，你会选择哪一个答案？比如行动力差、没有梦想、计较太多、无法坚持、没有背景。这时你会发现，自己可选的原因太多了，但任何一条都没有说到根本。平凡的人和成功的人，他们究竟差在哪里？最根本的就是自制力差。

所谓自制力，就是一个人控制自己思想感情和举止行为的能力。人区别于动物的根本点之一，就在于人可以按照一定的目的，理智地控制自己的感情和行动，自制力是一个人是否坚强的重要判断标准。

在我们周围，诱惑无处不在。天文数字般的金钱、倾国倾城的美色、位高权重的地位、暴利光鲜的职业、欢畅淋漓的娱乐，甚至时髦的iphone、漂亮的时装、可口的美味佳肴……

当我们面对诱惑时，最强有力的支持来自于自己心灵深处，强而有力的自制力是我们抵抗诱惑的力量源泉.只有强而有力的自制力才能保障我们不迷失自我，不失去努力的方向，护送我们到达成功的彼岸。

著名心理学家瓦尔特·米歇尔曾对斯坦福大学附属幼儿园的一群儿童进行了一个有趣的试验。他给每个孩子都发了一粒包装精美的糖果，并对他们说：“这糖果属于你，你可以随时吃掉。但如果能坚持到我回来再吃，就会得到两粒同样的糖果。”说完，他就离开了。

有些孩子一直耐心等待米歇尔归来，这些自制力很强的孩子终于得到了两块糖果。而有些小孩则比较冲动，米歇尔刚走开便马上拿走糖果。

十几年后，这两种反应的孩子在情绪控制与社会适应能力方面的差异非常大。四岁时就能抵抗诱惑的孩子到青少年时期显得社会适应能力较佳，较为自信，坚强勇敢，人际关系较好。而那些沉不住气的孩子则有约三分之一表现出退缩或惊慌失措，羡慕别人，冲动易怒，常与人争斗等特点。

美好的人生都是建立在自我控制的基础上，自制力是一个人取得几乎各种成功的通用技能。自制力就是尽管你不想做某些事情，但还是尽力去做，这样你就能做成你想做的事。可以说，自制力是我们成功的必要条件。

克莱门特·斯通说过，“一个拥有心灵力量的人，他也许是一位宗教领袖，也许是一个黑带柔道高手，也许是一个白手起家创立大公司的总裁。他们为了达到现在的目标，必定早在许多年前，就开始了一个漫长的过程。他们必须全神贯注，放弃许多日常欲望，做出许多牺牲，体验许多挫折的滋味。”

没有人不希望拥有美好幸福的人生，没有人希望自己的人生充满着失败，最后被社会激流所淹没和淘汰，没有人愿意做可怜虫。每个人都想做生命的强者，主宰自己的人生和命运，让自己活得更有尊严。

其实，这个世界上没有绝对的强者，也没有绝对的弱者。你之所以弱是因为你的弱点太多、太明显，如果你能够控制自己的弱点，有很强的自制力，你就能成为生命的强者，成为人生的主人，把握自己的命运。那么，我们该如何提高自己的自制力呢？

1. 稳定情绪

人的情绪总是有高潮和低潮，有情绪的波动是正常的，当情绪失控的时候，我们是无法去冷静的理性处理事情的，往往此时是最没有自制力的时候。所以，要想提高自制力，首先要提醒自己保持情绪稳定。人成熟的标志之一就是不会因为情绪的波动而影响自己正常的行为。

2. 摒弃杂念

人心里一旦有了杂念，便无法集中精神去干该干的事，做该做的事情。一旦有了杂念，就会使效率严重降低。达不到自己的目标，甚至，原本举手之劳的事情也变得寸步难行，难以付诸行动。只有摒弃杂念，才能向着一个目标努力，才能勇往直前，达到成功的巅峰。不在意生活琐事，不在意名利之事，一直向着目标努力，就可以获得成功。

3. 先苦后甜

需要克制的事情，都是我们非常想做的，因此克制带给我们的就是痛苦，如果此时你一直想着克制是多么的难，那你肯定会再一次向任性妥协。这时，你要告诉自己，克制之后就可以享受很幸福的时光了，是不是心理就不会那么痛苦了呢？经历过苦的甜，才会令人更加迷恋。

4. 坚持到底

自制力低的情况不仅仅表现在一些事情不做上面，更容易表现在做一件事情虎头蛇尾。萧伯纳曾经说过，“多走一步，就可以缩短一步接近成功的距离。胜利就在前方，你的任务就是坚持，就是再多走一步。”的确，不论遇到什么事情，不论经历多大的坎坷，我们都不要往两边看，也不要回头看，要坚守自己的信念，脚踏实地地往前走，再苦再难也要坚持下去，只要坚持到底就是胜利。

5. 找人相伴

有些事情自己做很难，找个伙伴一起就事半功倍了，而且互相监督，互相交流心得，自制力会提高得更快。需要注意的是，切忌不要过度依赖对方，如果他比你还任性，两人在一起就更不会克制了。

总之，面对诱惑我们要学会约束自己，提高自身的素质。一方面要增强自己的鉴别能力，不属于自己的东西千万不要碰它。另一方面要讲原则性，要有豁达的心态，要守得住自己的一方净土，唯有如此才能抵住诱惑。

战胜自己的人，才配得到上天的奖赏

人的一生，总是在与自然环境、社会环境、家庭环境做着适应及克服的努力。因此有人形容人生如战场，勇者胜而懦者败。从生到死的生命过程中，所遭遇的许多人、事、物，都是战斗的对象。他们会用各种方式向你挑战，但到了最后，失败的心理往往是从自己心中开始的。

有个名人说过，“一个人在比较了自己与别人的力量和弱点之后，如果仍然看不出差别的话，那么他将很容易被他的敌人打败”。的确，我们可能会遇到许多挫折与困难，而且还会有不少的失败，我们首先要做的是先战胜自己。只有战胜自己的人，才配得到上天的奖赏。

在一次行军中，有一支小分队遭到敌人的袭击。混战中，有两位战士冲出了敌人的包围圈，结果却发现进入了沙漠中。

走至半路，水喝完了，受伤的战士体力不支，需要休息。于是，同伴把枪递给他，再三吩咐道：“枪里还有五颗子弹，我走后，每隔一小时你就对空中鸣放一枪。枪声会指引我前来与你会合。”说完，同伴便找水去了。

躺在沙漠中的战士满腹狐疑地想，同伴能找到水吗？能听到枪声吗？会不会丢下自己独自离去？当日暮降临时，枪里只剩下一颗子弹，而同伴还没有回来。受伤的战士确信同伴早已离去，自己只能等待死亡。他彻底崩溃了，把最后一颗子弹送进了自己的太阳穴。

枪声响过不久，同伴提着满壶清水，领着一队骆驼商旅赶来，结果，只找到了一具尚有余温的尸体。

可见，在不断与生活进行着抗争时，只有自己能拯救自己，只要有一丝的抗争勇气，就有一丝的成功希望。当然，要战胜自己并不简单。一般人得意忘形，失意时自暴自弃。人家看得起时觉得自己很成功，落魄时觉得没有人比他更倒霉。唯有不受成败得失的左右，不受生死存亡等有形无形的情况所影响，纵然身不自在，却能心得自在，才算战胜自己。

要战胜自己，首先就必须肯定自己、认知自己。“静坐常思己过”“一日三省吾身”，人生的良辰美景就得用心细琢磨。只有做到真正的自我认知，才能在人生的天平上找准自己的位置。

要战胜自己，还得要征服自己。生活中的所有困难都是有奴性的，如果我们凭自己的努力战胜了它，我们便是困难的主人。要知道，比别人多一点努力，就会多一份成绩；比别人多一点志气，就会多一份出息；比别人多一点坚持，就会夺取胜利；比别人多一点执着，就会创造奇迹！绝大多数人在多数时候，都只能靠自己。没什么背景，没遇到什么贵人，也没读什么好学校，这些都不碍事。关键是，决心要走哪条路，想成为什么样的人。只有先征服自己，才有机会自我证明，找到想要的尊严。

要战胜自己，更要控制自己。在成功的路上，最大的敌人其实并不是缺少机会，或是资历浅薄，成功的最大敌人是缺乏对自己情绪的控制。愤怒时不能制怒，使周围的合作者望而却步。而在消沉时放纵自己的萎靡，把许多稍纵即逝的机会白白浪费。一个真正成熟的人，必定能够战胜自己的一切弱点，必定能够做到真正的自我控制。

最后，要战胜自己还要创造自己。人各有各的原则，各有各的脾气性格。不论什么样的人生，只要自己感到幸福，又不妨碍他人，那就足矣。不要压抑自己的天性，失去自己做人的原则。

安逸，是你现在最不用考虑的事

人生就像一场旅行，不要给自己留下了什么遗憾。想笑就笑，想哭就哭，当爱则爱，不需要压抑自己。做自己想要做的事，做自己喜欢做的事，用积极的态度活出人生的精彩。

生命是一场华丽的冒险，我们不能害怕和逃避。许下你的愿望，然后努力奔跑。愿望，原来并不遥远。趁此身未老，趁时光还在，继续努力，千万不要在该奋斗的年纪选择安逸。

有多少人被挫折和现实打击得节节败退？又有多少人能不懈追求自己的理想，永不放弃？有多少人被生活磨砺掉激情，而变得麻木不仁？又有多少人舍得付出所有追逐的梦想？你，有遗憾的事情吗？

在生活中，很多年轻人基本上就是以安逸程度的高低，去选择自己未来的走向。如果问他们，为什么年纪轻轻就要把稳定和安逸放在这么重要的位置？他们大多数会说："我爸妈不用我多有成就，能找份踏踏实实干一辈子的事就行了。""我一个女孩子那么拼干什么，有份稳定舒服的工作就可以了。"

其实，这个世界上只有一种安全，那就是你的技能和迅速适应环境的能力。只有具备了这种能力，才有可能拥有真正的安全。

你可以出于爱好去做一份工作，也可以出于野心去做一份工作，或者为实现自己的事业只做一件事情，但绝对不要因为贪图安逸而去做一份看上去简单而容易的工作。如果你是一个女生，而你的家人希望你找一份稳定的工作，那么你至少要保证这份工作是你喜欢且愿意为之学些东西的，这样在稳定之余，你至少不会被荒废掉。

如果你还年轻，那就不要在最有能力奋斗的阶段选择安逸，否则你就会把自己置于不可知的未来洪流当中。年轻人要把眼光要放长远一些，不要在年轻的时光里想那些安逸的事。不要在最该奋斗的年纪里选择沉沉睡去。在活着的每个时间段里做你认为最有意义的事。年轻的资本就在于你还有折腾的机会。趁此身未老，向青春致敬！没有翅膀所以要奋力奔跑！

年轻，是一种资本，是一种财富。因为年轻的我们可以选择做我们喜欢的，不会因为生活而选择做我们不喜欢的事情。年轻的我们，有着自己的梦想，我们追梦，我们选择自己喜欢的生活方式。我们可以用青春去豪赌我们的未来。我们不怕失败，我们奋力向前，我们无所畏惧。

在人生的任何一个阶段我们都可以享受，但并不是什么时候都适合奋斗。安逸是年轻人最不用考虑的事。因为一旦错过了奋斗的最佳时机，即便再想重新开始，却常常已是身不由己。

其实，谁也不是生来就热爱辛苦与奔波，但生活就是如此，从来没有一帆风顺。我们渴望的东西必须经历这样一个过程才能换取，唯有让自己不断奔跑在路上，才能一一获得。只有在经历风雨后，那种雨过天晴后的闲庭信步，才能更加淡定与从容。

蔡康永曾说过，“十五岁觉得游泳难就放弃游泳，到十八岁遇到一个你喜欢的人约你去游泳，你只能说自己不会。十八岁觉得英文难而放弃英文，二十八岁出现一个很棒但要会英文的工作，你只能说自己不会。”

人年轻时有很多选择，也有很多可能。可因为贪图安逸而放弃学习新知识，尝试新挑战，后来就慢慢错过让你动心的人和事，错过新风景。所以，不要让人生留下遗憾，不要在最能吃苦的时候选择安逸。没有人的青春是在红地毯上走过，既然梦想成为那个别人无法企及的自我，就应该选择一条属于自己的道路，为了到达终点，付出别人无法企及的努力。

别让浮躁毁了你

很多人都在说，这是个浮躁的年代，大家都浮躁地活着，忙着各种自以为重要的事，忙到忘掉了忙的目的。说世界浮躁的人自己也浮躁着，说自己浮躁的人好像也不打算改变浮躁，因为让浮躁存在的理由遍地都是。而宁静找不到滋生的土壤。浮躁的你，浮躁的我，干着不同的浮躁的事情。

简单说，浮躁就是心浮气躁，是很多心理疾病的根源，是成功、幸福和快乐的绊脚石，是人生最大的敌人。浮躁，消磨人的意志，麻木人的感觉。浮躁，可以使你我好高骛远，失去平衡，甚至迷失方向。浮躁让你我遇事不爱思考，而是喜欢人云亦云，走马观花。浮躁让你我得意时忘形，失意时烦忧。有功劳是自己的，出问题算别人的。

浮躁的人眼高手低，不去考虑自己的长短优劣，却喜欢与人攀比，摆架子。浮躁的人对自己的定位不够，没有充分认识自己，遇事心浮气躁，不从实际出发，没有保持一颗平常心。一个人如果经常处于一种浮躁的心态中，就会产生诸如忧虑、焦躁等不良情绪，长此以往，容易患上各种心理疾病，甚至导致精神失常。

从前，有一个性情十分暴躁的人。他射靶不中靶心，就把靶子的中心捣碎。下围棋败了，就把棋子咬碎。人们劝告他说："这不是靶心和棋子的过错，你为什么不认真地想一想，问题到底出在哪里呢？"他听不进去，最后因脾气急躁得病而亡。

在人生旅程中，浮躁就像一个幽灵，常在人们的头顶上徘徊，刺痛着神经，让一颗颗纯净的心浮躁不安，让一个个纯洁的灵魂丧失理智。究其根本，浮躁源于人的内心，在心的表层，积满了污垢的尘埃。而这种尘埃，就是对自己没有的东西抱有很大的奢望，从而产生了急功近利的行为。

现在很多人都想一蹴而就，其实做什么事都是有一定规律和步骤的，欲速则不达。往往你越着急，就越不会成功。因为人出现急躁则必然心浮，心浮就无法深入到事物中去仔细研究和探讨事物发展的规律，无法认清事物的本质。

人一旦浮躁，必然会盲目。做事喜欢走捷径，追求的是利益至上，希望一夜成功，就导致不可能脚踏实地，耐住性子用脑子想问题，花力气干事情。而是喜欢出点子，耍花招，最终是害人又害己。

谭传华曾经用一把小小的木梳打开了他的商业市场，用“谭木匠”的品牌，成为一个成功的企业家。后来，谭传华在成功面前变得有些膨胀和浮躁。因为浮躁，他有过一次失败的投资，这次越轨的投资就是他把目光转向了电视业。

在几个朋友怂恿下，谭传华决定投资拍摄方言电视剧《爬坡上坎》。在投资了二百五十万元之后，这部电视剧一度给他带来不小的惊喜。那年春节前，多家电视台打电话预订这部电视剧。但是，谭传华决定再等一等，也许以后还会有更大的买家找上门。但春节过后，这部电视剧再无人问津。无奈之下，谭传华以一百五十万元的价格，勉强将这部电视剧卖了出去，结果一下就损失了一百万元。

这个教训让谭传华意识到自己的浮躁，经过再三考虑后，他给自己定下了方向，那就是不能走“多元化”的发展道路，而是专心于他的治木特长。最终，谭传华取得了成功，加盟店数量已超过了五百家。

浮躁是一种情绪，一种并不可取的生活态度。在一些人的心灵深处，总有那么一种力量使他们茫然不安，让他们无法宁静，这种力量就是浮躁。

明代边贡《赠尚子》一诗中有这样一句，“少年学书复学剑，老大蹉跎双鬓白。”说的是有些年轻人正要坐下学习书本上的知识，忽而又要去学舞剑，这般浮躁，任时光匆匆流逝，最终只落得个白发苍苍。

在生活中，有一些人不懂得循序渐进，一味追求急功近利，结果犯了浮躁的毛病。一个人要想取得成功，就不能牢骚满腹，怨天尤人，要学会稳健，不急躁。谭传华之所以能够成为一个成功的企业家，与他汲取教训并且远离浮躁不无关系。

我们来到人世间，从懂事开始，父母就叮嘱我们做人要踏实、本分，三思而后行。课堂上老师教育我们学习要谦虚、勤奋，力行近乎仁。说到底，摒弃浮躁，本分做人，踏实做事，这是我们人生的第一堂课，也永远都是我们人生最宝贵的精神食粮。

沉住气，才能成大器

年轻人要沉住气其实很简单，就是不用时时刻刻在任何场所，想着去证明你自己。我以前参加各种社交活动时话特别多，总是想表现自己，显得自己有很多与众不同的东西。和人交流时，也总在表达自己是多么牛。有一点点值得炫耀的成绩就想立刻拿出来，并不是分享，而是为了证明自己与众不同。这自然是不可取的，只有沉住气，才能成大器。

所谓沉住气，就是能够冷静地面对现实，所谓成大器，就是成为能担当重任的人。心理学家认为，普通人与成大器之人，除了在勤奋、天资、机遇等方面存在着差异之外，面对人生种种际遇，能否沉住气也是一个重要的区别。特别是那些所谓大器晚成的人，在他们走向人生辉煌之前，都能够沉着面对现实，长期奋斗。

这并非是老于世故的处世哲学，而是对任何人来说都适用的生存智慧，是在当今社会中必须遵守的人性丛林法则。面对世间百态，我们要压住自己内心的不平、消沉和躁动，在小处忍让，才能在大处获胜。

当你看到别人飞黄腾达、春风得意时，你会有一种强烈的冲劲，想出人头地，为自己争口气。但这时的你要沉住气，不要好高骛远，而要脚踏实地，并相信经过量的积累之后，定会实现质的飞跃。

当你斗志昂扬时，你会有股莫名的傲气。想着跟身边的人显摆，告诉他们你是有能力的人。但这时的你要沉住气，不要骄傲自满，而要韬光养晦，相信只要稳扎稳打，你的事业就会继续向上发展。

当你被误会时，你会有股强烈的怨气。为什么我老是吃力不讨好？付出得不到回报？但这时的你要沉住气，忍一时风平浪静，退一步海阔天空，并相信时间会证明一切。

没有人能够一辈子交好运，也没有人会一辈子走背运。每个人都不可能随随便便就能取得成功，在面对黑暗的时候只有沉住气，才能等到日出。

1993年，陈天桥以优异的成绩提前一年毕业，毕业后他被分配到陆家嘴集团公司，他的主要工作就是每天在一个小房间里放映有关集团情况介绍的录像片。而这一放，就是十个月。陈天桥根本无法去跟别人谈论自己的远大理想，年仅二十岁的他提前品尝到了寂寞的滋味。

毕竟，他是一名复旦毕业生，而且还是一名跳级生，又是全市优秀学生干部，他干这个，真是很委屈。对于二十多岁年轻气盛的人来说，这种情况下很少有人会留下来，但陈天桥留下来了。

对于这个决定，陈天桥说："在我当时这样一个年纪，这样一个背景，我能耐得住十个月的寂寞，躲在一个小房间里放录像，我自己感觉这对后面的年轻人还是有所启示的。很多年轻人觉得自己怎样怎样，要干这个，要干那个，但无论干什么，首先要适应环境，而不是等着环境来适应你。"

十个月后，机遇来了。集团下属的一家企业有个干部挂职锻炼的机会，集团选定陈天桥担任那家有着两百多人企业的副总经理。在这家企业，他推行了一系列改革措施，并开始形成自己独特的战术和管理风格。不久，他被直接晋升为集团董事长兼总裁的秘书。从此，开始了他的非凡人生。

陈天桥并没有放弃自己，沉住了气，从而有了辉煌的今天。可见，一个人不管在低谷还是在山脊，要想始终如一地做到沉住气，就要不断加强修养，锤炼意志，做到身处逆境不气馁，取得成绩不自满，面对诱惑不心动，只有这样才可能有所作为，终成大器。

坐好人生的冷板凳

谁都渴望自己的人生像一望无际的草原，一马平川，让自己任意驰骋，挥洒自己的理想。但这只是我们的一厢情愿，人生路上总会遇到一些不顺心的事，曲折才是人生的常态。当我们坐冷板凳时，就会埋怨上天不公平，抱怨社会的黑暗，感叹自己命运多舛。最后，甚至否定自己，放弃努力，觉得自己注定不会有出人头地的机会了。

其实，人生没有永远不变的劣势与优势。就像《红楼梦》里的四大家族一样，曾经显赫一时，可是也有家败凋零的时候。无论你多么落魄，也绝不要随便贬低自己，更不要放弃努力。只要我们保持积极向上的良好心态，就会赢得鲜花和掌声。

在诺贝尔奖颁奖典礼上，八十四岁的屠呦呦身着紫色长套裙出席领奖。那一刻，她是最美的人。多年间，屠呦呦带领团队默默无闻潜心研究青蒿素，试千方、尝百药，最终为人类健康做出历史贡献。这是一种把冷板凳坐热的大美，让人感佩。

在许多人眼里，坐冷板凳不舒服，与名利无缘，和热闹无份，与寂寞冷清相伴，同淡泊清苦相随，有时甚至还得与冷落埋没相连。只有吃得了坐冷板凳的苦，才能翻开生命的新篇。

我有一个朋友叫赵刚，他在一家公司的海外分公司负责市场相关工作。虽然从小到大他都有一个去海外工作、生活的理想，但是两年前，赵刚还在国内的分公司兢兢业业，看不到任何去海外工作的机会。直到有一天，这一切都被改变了。

那是一个再普通不过的早上，老板派了秘书来叫赵刚过去喝茶，老板只是简单询问了几句最近工作开展的情况，就切入了正题。老板打算对赵刚的岗位进行一次调整，把赵刚一直拓展和维护的渠道交给另外一位同事负责，赵刚则被调整到另外一个贫瘠如鸡肋的项目中去。

大家都知道，赵刚目前负责的渠道，从无到有，再一步步到欣欣向荣，是赵刚加班加点，一点一滴铸造起来的。目前，渠道的运营在赵刚的努力下已经步入正轨。

老板说，现在渠道已经步入正轨，谁做都一样会运作良好，所以他计划给赵刚一个有挑战性的新项目。他所说的那个新项目很差。说白了，老板给赵刚调整的新岗位就是一个众所周知的冷板凳，是一个谁做都不会有太大不同和进展的项目。

赵刚为此抑郁了几天，也只是几天而已。新岗位没有那么多需要加班加点的事务，于是赵刚拾起自己荒废的英语，读写能力渐渐开始游刃有余。

后来，在一个内部招聘的信息中，赵刚看到有自己心仪的海外岗位，于是毫不犹豫地投了简历。经过重重选拔之后，赵刚凭借自己良好的英语能力顺利拿到了这个岗位。

赵刚说，虽然在那些立志扎根国内的人眼中，他的新机会并不具有丝毫的吸引力，但是在冷板凳上，他实现了自己儿时的梦想，为自己争取了一个新的出场机会。

在漫漫人生路上，我们都有过坐冷板凳的经历。有时，我们可能也会遇到赵刚所遇到的这种状况。明明自己很努力，却被人轻易地搬走了那个暖热的板凳。这种境遇，任凭怎样的痛心疾首，也都无能为力。关键是我们不要心浮气躁，不要渴望一夜成名，要有坐好人生冷板凳的勇气。那些不愿坐、不屑坐、不甘坐、不敢坐冷板凳的人，或为名所困，或被利所惑，或受种种杂念所累，走失在人生路上，淹没在人海当中，最终难逃平庸的结局。

如果把人生比成一盘棋，那么人生的结局就由这盘棋的格局决定。想要赢得人生这盘棋的胜利，关键在于把握住棋局。在人与人的对弈中，种种棋局就如人生中的每一次博弈，棋局的赢家往往是那些有着先予后取的度量，统筹全局的高度，运筹帷幄而决胜千里的方略与气势的棋手。

人生，不坐几次冷板凳，你就不知道自己的毅力到底有多强大！不管遭遇到什么样的境遇，我们都要用宽广的心胸稀释人生痛苦，看淡名利得失，保持平常心，坦然面对生活。

舍小利才能得大利

韩非子曾说过，“毋见小利。见小利，则大事不成。”有时为了顾全大局，保护更大的利益，需要学会暂时舍弃较小的利益。放弃是为了大踏步地前进，放弃是真正的勇气，也是真的智慧。

人的一生会遇到很多十字路口，当你茫然四顾，不知向何处走的时候，一定要理智。当生活让我们必须付出惨痛的代价前，主动放弃眼前利益而保全长远利益是最明智的选择。正所谓“两弊相衡取其轻，两利相权取其重”。要想有所作为，就不能贪图一时的小利。

丹麦人钓鱼会拿把尺子量量钓到的鱼，将尺寸不够的鱼放归河中。有人或许会对这种做法生疑，辛苦钓到的鱼为何还要放回去，多可惜。其实，这是丹麦人智慧的做法，让小鱼继续生长，日后才钓得到更多的大鱼。

这是“舍小利以谋远”的体现，不局限于眼前的所得，而是思虑日后的保障，这才能得到日后的丰收。就像孟子曾经说过，“数罟不入洿池，鱼鳖不可胜食也”。一味去捕捉小鱼往后就无鱼可求。唯有放下眼前的小利，方能成就日后的满载。

美国通用塑料公司是一家塑料材料的环球供应商和分销商，其服务涉及航空、器材、汽车、建筑、资料存储、光学、电子与电力设备、计算机及外用设备、包装等行业。让人想不到的是，这样一家以销售消耗性材料为主的公司，却派遣技术支持小组，到客户的工厂去教授如何减少消耗品的消耗。你肯定会认为这是自挖墙脚，但是实施此销售法仅仅一年，通用塑料公司就为客户们节约了近六千八百万美元，同时也为自己增加了百分之十一的收益。

通用塑料公司的成功在于敢于舍小利，愿意帮助客户解决存在的难题，创造出与顾客互动的诚信合作关系，协助客户成就竞争优势，留住客户的心，创造双赢的局面。不得不说，每个企业都不可能拥有全部的资源优势，要求大利必须要舍小利，着眼于长线经营，与客户真诚合作，在壮大客户的同时，自己也可从中获得源源不断的收益。

正像有的成功人士说的那样，做生意最忌目光短浅，只算小账而不算大账。只有善于积薄利成厚利，集小利成大利，买卖才能真正兴旺起来，企业也才能够做大做强。企业如此，对于个人也要学会舍小利，方能成就大事业。

曾经有个温州小伙子，他要去深圳推销一种高级上光清洁剂。当时，同类名牌产品已经把深圳市场瓜分差不多了，这位貌不惊人的打工仔要想在深圳打开局面，站稳脚跟谈何容易。这个小伙子想了很久，决定舍小利，从“当一回傻子”开始，赢得市场。

一天，他对深圳一家名气很大的星级宾馆的老总说，他可以免费为整个宾馆做一次保洁。老总听完他的产品介绍后，决定把准备接待大型会议的六十个房间和一个会议室交给他保洁。结果，这位打工仔用了二十盒上光清洁剂，提前将那些客房和会议室装饰得焕然一新，并散发出淡淡的清香。结果，会议取得了圆满成功，参会人员对宾馆的环境和清洁卫生非常满意。

会后第三天，宾馆老总找到这个温州小伙子，微笑着说：“年轻人，你为我们宾馆争得了良好的服务形象，帮我赢得了下一项接待业务，这两千元是清洁费，剩下的货我们全包了。这些是向我取经的宾馆同行的名片，我已经把你推荐给他们了。”

就这样，这个年轻的打工仔敲开了深圳市场的大门，并趁势而进，迅速在深圳打开了局面。这个温州小伙子的精明就在于舍小利和以小谋大的财富智慧。唐代诗人白居易诗中有这么一句，“商人重利轻别离”，不论商人是否轻别离，但是精明的商人重利却是事实。作为一个商人，要善用精明，舍小利以求大利，这才是成功之道。

无数事实表明，一个人只有深谋远虑，从整体上分析和进行判断，舍小取大，才能做出正确的选择和决策。如果目光短浅，为小利所蒙蔽，就容易招致灾祸。有时为了顾全大局，保护更大的利益，需要学会暂时舍弃相对较小的利益。

时代发展，物欲横流。但请学会舍小利以谋远，宁得此时的一份释然与平衡，为今后人生蓝图插上腾飞的双翅。人生总是有得有失，得意时淡然，失意时坦然，这才是真正的智慧人生。

第七章

你比想象中强大，要敢和别人不一样

生活不可能像我们想象得那么好，但也不会像我们想象得那么糟。不要自卑，也不要怀疑，我们一定要记住：在没有人相信自己的时候，自己对自己要深信不疑，因为自己远比想象中要强大得多。

你比想象中强大，没什么不能没自信

在人的一生中，决定成功的重要因素究竟是什么呢？是气质还是性格？是勇敢还是聪明？这些都不是。最重要的是自信，一个人必须树立起强大的自信心，才能走向成功。

著名演员范伟曾说："人的脆弱是不自信导致的。"的确，一个人要想干一番事业，首先必须有信心。没有自信只会让你变得越来越脆弱，最终一事无成；而充满信心的人永远不会被击倒，他们终会是人生的胜利者。

在生活中，我们不能预测身边将要发生什么事，也不知道每天会遇上什么人，所以，不管我们遇上什么事和什么人，一定要让自己的内心强大起来，保持对生活的激情，自信一些，才能把命运掌握在自己手中。

或许我们会因为某件极其微小的事情而情绪低落，对自己失去信心，充满自卑。自卑可以是偶然形成的，也可以是日积月累形成的。一个人想要有所成就，首先要建立起自信心才行。要像洒扫街道一般，将最阴湿黑暗角落的自卑感清除干净，然后再种植信心，并加以巩固。信心建立之后，新的机会才会随之而来。

记得曾看到这样一个故事：

其实，人是有很大潜力的，你本身具备的能力可能并未被你发现。有一些事，你可能觉得自己没有能力做好，但你必须做，相信自己能做到。这并非盲目自信，而是激发自己的潜力，帮助自己做好自己必须做的事。

1968 年的某一天，罗伯·舒乐博士立志要在加州用玻璃建造一座水晶大教堂，他找到著名的设计师菲力普·强生，说了自己的初步设想。强生问他的预算情况，舒乐博士坚定地说："我现在一分钱也没有，这不重要，重要的是这座教堂本身要具有足够的吸引力，以吸引众多的捐款人。"

教堂最终的预算为 700 万美元，这远远超出了舒乐博士的能力范围。当天夜里，舒乐博士拿出一页白纸，在最上面写上"700 万美元"几个大字，然后又写下 10 行文字：

1. 找到 1 笔 700 万美元的捐款；

2. 找到 7 笔 100 万美元的捐款；

3. 找到 14 笔 50 万美元的捐款；

4. 找到 28 笔 25 万美元的捐款；

5. 找到 70 笔 10 万美元的捐款；

6. 找到 100 笔 7 万美元的捐款；

7. 找到 140 笔 5 万美元的捐款；

8. 找到 280 笔 2.5 万美元的捐款；

9. 找到 700 笔 1 万美元的捐款；

10. 卖掉教堂 10000 扇窗的署名权，每扇 700 美元。

两个月后，富商约翰·科林被舒乐博士的水晶大教堂奇特而美妙的模型深深打动了，他捐出了第一笔 100 万美元的捐款。接着，大家陆续都来捐款。8 个月后，一名捐款者对舒乐博士说："如果你的诚意与努力能筹到 600 万美元，我来支付剩下的 100 万美元。"

第二年，舒乐博士以每扇 700 美元的价格请求美国人认购水晶大教堂的窗户，付款的办法为每月 50 美元，14 个月分期付清。没想到在短短的 6 个月内，一万多扇窗户就都售出去了。

1980 年 9 月，水晶大教堂终于竣工了，它成为了世界建筑史上的奇迹与经典。

自信可以让你完成看似无法完成的事情，这就是自信的力量。在成功者的字典里从来没有“不可能”这三个字，在他们眼中没有过不去的坎儿。所以，如果我们认定了目标，无论多么艰苦，无论遇到多么大的困难，都要坚定地向目标前进。

世上无难事，只要肯攀登。“能”和“不能”完全取决于你的信心，你认为你能，你就能！我们一定要记住：在没有人相信自己的时候，自己对自己要深信不疑，因为自己远比想象中要强大得多。

自信是成功路上的垫脚石

每个人的一生都是起伏不定的，没有任何人能保证自己的人生一帆风顺。在挫折面前，有人畏缩不前，有人哀叹不止，其实，挫折不可怕，可怕的是从此失去了自信，因为自信是成功路上的垫脚石，是奋斗路上的一盏明灯。

爱默生曾经说过："自信是成功的第一秘诀。"萧伯纳也曾经说过："有信心的人，可以化渺小为伟大，化平庸为神奇。"自信是成功的助燃剂，是我们战胜困难和挫折的重要保障！对于我们来说，自信心是不可或缺的，它决定我们未来能够成为怎样的人，能够走多远。

有一位女歌手，第一次登台演出，心里非常紧张。一想到自己马上就要面对上千名观众，手心都在冒汗。她害怕自己在舞台上会忘了歌词而丢脸，产生了打退堂鼓的念头。

这时，一位前辈笑着走过来，随手将一个纸卷塞到她的手里，轻声说："这里面写着你要唱的歌词，如果你在台上忘了词，就打开来看。"她握着这张纸条，像握着一根救命的稻草，匆匆上了台。

也许是那个纸卷起了作用，她的心里踏实多了，在台上也发挥得相当好。演出结束的时候，所有的观众都起立为她鼓掌。

她高兴地向那位前辈走去，深深地鞠了一躬，表达感谢。前辈却笑着说："是你自己战胜了自己，找回了自信。其实，我给你的不过是一张白纸，上面什么也没写！”

她展开手中的纸卷一看，果然上面什么也没写。她凭着一张白纸，顺利地渡过了难关，获得了演出的成功。

可见，自信是每个人成长过程中一种不可或缺的品质，是一个人成功的原动力。它是人们对自身力量的一种确信，深信自己一定能做成某件事，实现所追求的目标。我们要真正了解自己的长处，对自己有信心，只有这样，才能取得一次又一次的成功。

人与人之间其实没有多大的区别，只是有人敢做、有人敢说、有人敢想，要相信别人做成的事你也能做。曾有位诗人这样说：“人类体内蕴藏着无穷能量，当人类全部使用这些能量的时候，将无所不能。”尽管诗歌往往源于一些超现实主义的想法，并有明显的夸大之嫌，但一定程度上也说明自信对一个人是何等重要。

如果说人生是一幅画，那么自信是底色，只有精心描绘，才会展现出一幅绚丽的图画；如果说人生是一首歌，自信就是歌中的音符，只有经过生命历程的排练，才会谱出华丽的乐章。生活就好像一艘在海洋中航行的船，只有扬起自信的帆，勇敢地面对各种惊涛骇浪，最终才会实现梦想。

有什么样的信念，就有什么样的命运

没有人能免于失意挫折，也没有人能风平浪静地度过一生。人生的舞台注定有无数的成败，成败的原因可以用一个词来概括：信念！因为信念，耳聋的贝多芬创作出了最伟大的乐曲；因为信念，爱迪生在一千次失败之后发明了电灯；因为信念，莱特兄弟冲破阻碍实现了人类飞天的梦想。

显而易见，信念会给我们带来无穷动力，让我们走出困境，而没有信念的人，眼前迷茫一片，很可能会失去前进的方向。

石油大王洛克菲勒曾经说过：“即使拿走我现在的一切。只要留给我信念，我就能在十年之内又夺回它。”虽然他没有真的这么做，但他的话告诉了我们一个道理：信念的力量是巨大的，有什么样的信念，就会有什么样的命运。

有两个人驾船出海时遇到了台风，船翻了，两个人都掉进了大海。其中一个人面对茫茫大海，游了一段游不动了，失去了生存下去的信心，最终沉了下去。另一个人不断鼓励自己，坚信陆地不会离自己太远，认为自己一定能游到岸边。然后，他拼命地游啊游啊，三天以后，就在他快要坚持不住时，突然看到前方有一个小岛，他奋力游上了小岛。后来，他被一艘经过小岛的客船所救。

毫无疑问，信念常常能够创造奇迹，它可以使许多匪夷所思的事情变成现实。当然，要使信念成为现实，必须付出艰辛的努力才行。

球王贝利一生在大小比赛中进球无数，有人问他：“哪个球踢得最好？”他回答：“下一个。”正因为他有这样的信念，才成为了人们心目中的球王。可见，坚定的信念会使人产生十足的动力，它就像人生旅途中的灯塔，为我们指引着前进的方向。我们要坚信自己的人生信念，坚持不懈地追求自己的人生价值，不断拓展自己的人生空间，升华自己生命的境界。

提到法国小说《苦儿流浪记》，大家一定不陌生，书中讲述了这样一个故事：

主人公小雷米与几名矿工在采矿时突然遭遇塌方，被困在了一个非常狭小的空间里。当时的环境十分恶劣，水位的上升可能会把他们淹死；空气的稀薄也可能让他们窒息；食物的缺乏更可能饿死他们。

虽然地面上的救援队已经在着手营救他们了，但他们因为看不到希望，失去了生存下去的信念。他们只有几盏灯，还有一名矿工带着的一只表。有人建议：把灯熄掉，节省体力，等待救援队的救援。同时，让这名带表的矿工每隔一段时间看一下表，给大家报时。

后来，他们很幸运地被救援队救了出来，但那个报时的矿工却没有活下来。原来，那个矿工为了提高同伴们的信心，虚报时间——把半小时说成了十五分钟，一小时说成了半小时，两个小时说成了一个小时。结果，其他人在这名报时矿工制造的“信念”中活了下来，那个报时的矿工却被真相逼死了。

可见，是不灭的信念让生存者活了下来，也是信念导致了那个报时矿工的死亡。不得不说，坚定的信念和富于希望的心灵能创造奇迹。通过这个故事，我们知道：放弃了信念也就意味着放弃了生命，而只有坚持信念，才能够挽救自己的生命，进而改变自己的命运。

心理学家表明：人的行为受信念支配，你想要做出什么样的成绩，就要有什么样的信念。如果一个人在心里总是不停地埋怨自己干什么都不行，很难想象，他会在今后的人生中做出怎样的成绩。相反，如果一个人在心底深处总是不停地鼓励自己，认为自己最强，干什么都行，那他在人生中获得成功的机会就越大。

人只有相信自己，才能成功。你认定自己失败，你就注定要失败。你相信自己是哪一种人，你就会成为哪一种人。无论什么事，如果你反复地确认，总有一天会变成现实，这就是信念的力量。

不要迷茫，相信自己的能力

人生浮沉是一种历练，岁月沧桑是一种积累。无论走到生命的哪一个阶段，我们都该喜欢那一段时光，完成那一阶段该完成的职责。不要沉迷于过去，也不要狂热地期待未来。

岁月总有许多遗憾需要弥补；生命也总有许多迷茫需要领悟。不管我们正经历着怎样的挣扎与挑战，都不要迷茫，相信自己会有一个美好的未来，虽然痛苦，却依然要快乐。

也许你会觉得，幸福感没光临几回，迷茫感倒是频频造访。其实这很正常，你完全没必要沮丧。你迷茫了，说明你进步了。因为只有在新环境或接受新事物时才会迷茫，人生就是穿越一个又一个迷茫的历程。

谁都有青春，谁都会迷茫，迷茫了不可怕，可怕的是在迷茫中迷失自己，再也无法面对未来。迷茫的时候，我们要静下心来修养，不要怀疑自己，更不要迷失前进的方向。当我们迷茫的时候，该怎么办呢？

1. 明确目标

如果我们迷茫了，最主要的原因是目标不明确，也许我们已经忘记了当初自己为什么要定这个目标。如果明确不了自己的目标，到处瞎走，到处乱走，就会出现什么也做不成、什么也做不好的情况，不知道自己该干什么，应该做什么，自然会迷茫了。

我们要学会明确自己的目标，并为实现这个目标而努力，一步一个脚印，把自己的目标划分开，一部分一部分地去实现，这样才能到达成功的彼岸。

2. 认真了解自己

了解自己，就是要知道自己的优势和劣势，以及自己适合做什么、不适合做什么，对自己有一个清醒的认识。只有对自己有全面的了解，才不会迷茫，知道自己要什么。

3. 释放压力

许多人都曾经感受到来自方方面面的压力，压力处理得当，会变成一种动力，让人活力四射。如果压力持续存在，没有办法得到缓解，就会让人萎靡不振、迷茫困惑。所以，我们必须学会时常为自己释放压力，学会调整心态，释放压力，莫让它压垮我们。如此张弛有度，才能行得久、行得好、行得远。

4. 细化分析

当我们迷茫时，要学会细分与细化。一步一步地拆解，就像拆卸东西一样，一点一点地来，把自己的大问题分解一下，看看有哪几个方面。经过细化分析后，找到迷茫的原因，然后着手解决。

5. 接纳自己

自我接纳是指个体对自身以及自身所具特征所持的一种积极的态度，即能欣然接受自己现实中的状况，不因自身优点而骄傲，也不因自己的缺点而自卑。不管自己是什么样子，不管自己生活有多么不如意，首先要面对现实，接受现实。

不要认为自己没有用处，自己什么都不会，没钱、没房、没车，这些抱怨会在迷茫的时候涌出来。我们既然活在这个世界上，就有自己的用武之地。即使觉得自己一无是处，也要敢于接纳自己，重新开始，从零开始。

6. 坚持不懈

骐骥一跃，不能十步；驽马十驾，功在不舍。同样，成功的秘诀不在于一蹴而就，而在于你是否能够持之以恒。把这四个字落实到行动上。每天都要照着自己的目标去前进，每完成一个，就记下来，一天之后，进行反思。这样每天反思，再坚持，形成一个良性循环。

我们要定期给自己的心灵洗礼一下。知道自己这段时间哪里做得好，哪里做得不好，做到心里面有数。只有这样，在暮年的时候，细细回想起来，我们才会觉得没有虚度曾经美好的年华，才会觉得自己的整个生命都充满价值。

人生总得经历一个又一个迷茫，才能体验生命的饱满和生动。不要害怕迷茫，要相信自己的能力，总有一天我们会明白成长的真正含义，笑着回忆生命的每一段落。

别自卑，别怀疑，你可以的

在我们周围凡是做不成事情的人，心中大多都有自卑感。这种人在做一件有挑战性的事情时，常用的借口是："唉，我能力太差！"他们无法摆脱自卑的"纠缠"，也根本无法实现自己的理想。而那些成大事者，总是把自卑一脚踩在脚下，在他们的字典里，没有"自卑"二字存在。

简单来说，自卑是一种唯恐被轻视和排斥的恐惧心理，这种心理压抑了人们亲近他人的欲望，使人不能轻松自如地与他人交往，羞于在大庭广众之下表现自己。

提到自卑，我们都不陌生，很多人都或多或少有自卑情结。我小时候在双眼皮的伙伴面前就很自卑，因为我是单眼皮、小眼睛。在富人跟前，穷人会自卑；在美女跟前，相貌平平的女人会自卑；在城里人跟前，乡下人会自卑；在知识渊博的博士跟前，普通人会自卑。

在生活中，很少有人愿意承认自己自卑，这或多或少会让人感到有损颜面。事实上极力地保持颜面，恰恰透露了人的自卑心理。任何人都有难以示人的一面，天使内心也有魔鬼的痕迹。只要能把自卑化为动力，不再懈怠，也能与成功结缘。

其实，自卑心理是很正常的心理，心理学家甚至认为，所有的心理问题都来源于自卑。自卑并不可怕，关键是要觉察它、面对它、接纳它，然后和它讲和，让它保持在一个合适的度。

著名心理学家阿德勒说："人们所有的成长动力与行为目标旨在追求安全和克服自卑感。"所以，抱有适度的自卑，反而有助于完善自我。别自卑，别怀疑，你可以的。事实上，我们所拥有的能力往往比我们想象的更大，而这个世界上本来就没有真正的完美，只要我们对自己的能力报以肯定态度，那么自卑就会淡出视线。

美国总统林肯出生卑微，而且面貌丑陋，言谈举止缺乏风度，他对自己的这些缺陷十分敏感。为了补偿这些缺陷，他拼命自修以克服早期的知识贫乏和孤陋寡闻。他在烛光、灯光、水光前读书。尽管眼眶越陷越深，但知识的营养却对自身的缺陷作了全面补偿。他最终摆脱了自卑，成为了著名的美国总统。

贝多芬从小就有听觉缺陷，耳朵全聋后还克服困难写出了优美的《第九交响曲》，他的名言"人啊，你当自助！"成为许多人的座右铭。

可见，任何强者都不是天生的，他们也具有缺陷，但他们战胜了自己的软弱和自卑，所以最终获得了成功。一般来说，自卑感的产生有以下几方面原因：

1. 过低估计自己

我们总是习惯以他人为镜来认识自己，如果他人对自己作了较低的评价，就会影响自己对自己的认识，从而低估自己。研究人员发现，性格较内向的人，多愿意接受别人的低评价而不愿接受别人的高评价，还喜欢拿自己的短处与他人的长处比，这样越比越泄气，越比越自卑。

2. 消极的自我暗示

在心理学上，自我暗示指通过主观想象某种特殊的人与事物的存在来进行自我刺激，达到改变行为和主观经验的目的。暗示有着不可抗拒和不可思议的巨大力量。

当我们面临一种新局面时，都会自我衡量是否有能力应付。有的人因为自我认识不足，常觉得"我不行"，这种消极的自我暗示，会抑制自信心，增加紧张情绪，产生心理负担，形成一种消极的反馈作用，使人陷入自卑的泥潭。

3. 挫折的影响

每个人的一生中都会遇到各种各样的挫折，这些挫折有大有小，有些可能让你心情不快，有些可能让你终身遗憾，有些则令你痛不欲生。挫折很容易让人变得消极悲观，产生自卑感。

此外，生理缺陷、性别、出身、经济条件、政治地位、工作单位等等都有可能是自卑心理产生的原因。如果不能妥善消除自卑感，这将会影响你的一生，让你变得唯唯诺诺。所以说，自卑退缩心理是发展道路上的一大障碍，只有自信的人才能赢得一片更广阔的天空。那么，我们该如何克服自卑心理呢？

1. 正确认识自己，提高自我评价

形成自卑感的最主要原因是不能正确认识和对待自己，因此要消除自卑心理，就要从重新认识自己入手。我们不妨把自己的兴趣、嗜好、能力和特长全部列出来，哪怕是很细微的东西也不要忽略，这样，我们就会发现自己有很多优点。所以，我们要善于发现自己的长处，不要把别人看得十全十美，把自己看得一无是处。只有提高自我评价，才能提高自信心，克服自卑感。

2. 转移注意力

不要总是关注自己的弱项和失败，要把注意力和精力转移到自己最感兴趣、也最擅长的事情上去，从中获得乐趣与成就感，这样一来，就能驱散自卑的阴影，缓解心理压力，不再那么紧张。

3. 用实际行动证明自己

看一个人有没有价值，不需要别人来评判。有人需要你，你就有价值；你能做事，你就有价值。因此，我们可以先选择一件自己最有把握也最有意义的事情去做，做成之后，再去找下一个目标。这样，每一次成功都将强化自己的自信心，弱化自卑感。

4. 进行积极的自我暗示

积极的自我暗示又称自我肯定，是对某种事物有力的、积极的叙述，这是一种使我们正在想象的事物坚定和持久的表达方式。当我们感到自信心不足时，不妨自己给自己壮胆："我一定会成功，一定会的。"用积极的自我暗示，来克服自卑感。

5. 把缺陷转换为动力

每个人都是独特的，社会的需要和分工更是多种多样的。一个人有缺陷不可怕，我们完全可以从另一方面谋求发展。只要有积极心态，就能扬长避短，把自己的某种缺陷转化为动力。这样一来，缺陷就不会成为发展的障碍，反而会成为成功的条件。因为它能促使我们更加专心地关注自己的发展方向，也就更容易取得成功。

6. 每天给自己一个希望

在这个世界上，有许多事情都是我们难以预料的。我们不能去控制际遇，却可以掌握自己；我们无法预知未来，却可以把握现在。每天给自己一个希望，在希望中生活，就会充满自信，不再自卑。

总之，在生活中，很多人一事无成，就是因为他们低估了自己的能力，妄自菲薄，才降低了自己的成就。我们应当正视自卑，不让这种感觉控制自己。与其自卑地悲观丧气、庸碌一生，不如将自卑踩在脚底，将弱点转化为奋斗的力量，拼搏一生，要相信，我们的成就不会低于任何人。

走自己的路，你终将无可取代

在世界上，每个人都是独一无二的，没必要羡慕别人，更没必要成为别人，我们要相信自己。要知道，命运把握在自己手中，当我们认为自己不行的时候，就会遭遇失败。我们要肯定自己，认定自己能行，那么就没有人能阻挡我们成功的步伐。

成功的人总是相信，路是自己走出来的，即使到了绝望的时候，我们也要相信自己，走自己的路，我们终将会成为无可取代的人。

有一天，法国著名画家纪雷正在参加一个宴会。在宴会上，有一个身材矮小的人走到他面前，向他深深一鞠躬，要拜他为师。

纪雷朝那人看了一眼，发现他缺了两只手臂，就婉转拒绝了他，并说："我想你画画恐怕不太方便吧？"

但那个人并不在意，立刻说："不，我虽然没有手，但是还有两只脚。"说着，便请主人拿来纸和笔，坐在地上，用脚趾头夹着笔画了起来。

虽然是用脚画画，但这个身材矮小的人画得很好，肯定是下过一番苦功的。在场的客人都被他的精神感动了，对他赞叹不已。

纪雷很高兴，马上便收他为徒弟。从此，这个矮个子更加用心学习，没几年的工夫便名扬天下。他不是别人，正是著名的无臂画家杜兹纳。

杜兹纳可谓是身残志坚的典型代表，正因为他从不怀疑自己，才成为了著名的画家。相信自己才能成就自己，如果我们心中有这份自信，必然能够激发我们的潜力，从而挖掘出藏在我们体内的能量。

在美国，有一位非常伟大的推销员，他叫麦克，曾在一家报社当职员。他刚到报社作广告业务员时，不要薪水，只按广告费抽取佣金。他按照列出的名单，准备去拜访一些很特别的客户。在拜访之前，麦克把名单上的客户念一百遍，然后对自己说：“在本月之前，你们将向我购买广告版面。”

功夫不负有心人，第一周，麦克和三人谈成了交易；在第二个星期里，他又成交了五笔交易；第一个月的月底，十二个客户中只有一个还没有买他的广告版面。麦克坚信这个客户也会买他的广告版面。

第二个月，麦克没有去拜访新客户，而是每天早晨都去拜访那位拒绝买他的广告版面的客户，这位商人的回答自然是“不”。每次，当这位商人说“不”时，麦克都假装没听到，然后继续前去拜访，就这样坚持了一个月。

最后，这位商人说：“你已经浪费了一个月的时间来请求我买你的广告版面，你为何要这样做？”麦克说：“我并没浪费时间，你是我的老师，我一直在训练自己的自信。”

这位商人点点头，对麦克说：“你也是我的老师，你教会了我什么是坚持。为了表示感谢，我要买你的一个广告版面。”

信心是产生动力的源泉，也是能够彻底改变我们的伟大力量。当我们遇到困难与挫折时，只要拥有信心，这些困难与挫折就会成为我们成功的踏脚石。故事中的迈克就是因为相信自己一定会说服客户，才不断努力，最终用自己的信心打动了客户，从而达成了交易。

十九世纪的英国诗人内翰·济慈是一位有名的诗人，他在幼年就成了孤儿，一生贫困，备受文艺批评家抨击，恋爱失败，身染痨病，二十六岁便离开了人世。

济慈的一生虽然潦倒不堪，却不受环境的支配。他在少年时代读到斯宾塞的《仙后》之后，就肯定自己也注定要成为诗人。济慈一生致力于这个最大的目标，最终成为了一位名垂青史的诗人。

卢梭说："自信对于事业简直是奇迹，有了它，你的才智可以取之不尽，用之不竭。而一个没有自信的人，无论他有多么大的才能，也不会有成功的机会。"的确，自信是我们追求卓越人生旅途中的永不屈服的支柱。拥有了自信，就如同为成功树立了一个标塔，成功将不再是什么难事。

明确自己的理想，成功需有鸿鹄之志

蒲公英告别根茎，只为了去另一片土地绽放刹那芳华的美丽；流星告别宇宙，只为了划破夜空在黑暗中展现耀眼的光芒；溪水告别山林，只为了淌过四季奔向大海体验广博的深沉。世间小小的事物都有自己的梦，那我们呢？

林语堂曾说：“梦想无论怎样模糊，总潜伏在我们心底，使我们的心境永远得不到宁静，直到这些梦想成为事实才止；像种子在地下一样，一定要萌芽滋长，伸出地面来，寻找阳光。”如果一个人没有理想，就好像身处在一片黑暗之中，找不到前进的方向。因此，我们必须要树立自己的理想。

有一个人从很远的地方坐车回家，他在车上望着窗外的人，看到他们十分忙碌、十分辛劳，偶尔遇到两个悠闲自得的人，也没有看出他们有些许幸福。这些人过的生活不是他想过的，他心里明白，不能和他们为伍，那样他迟早会甘于平庸下去的。因为他不想像他们一样成为行尸走肉。

其实，有理想的人绝对不会成为行尸走肉，他们会朝着理想一步步地前进，每天一睁开眼睛就有目标，每天都朝着目标前进，日子会过得十分充实。而没有理想的人只是过着惯性的日子，在习惯中过着每一天，最后老了一无所成，只能空留遗憾。

霍金是当今最杰出的科学家之一，小的时候他就对模型特别着迷，他还和别人一起制作了很多不同种类的战争游戏。正是这些驱使他攻读了博士学位，并在黑洞和宇宙论的研究上获得了重大成就。

在霍金十三四岁的时候，他已经抱定决心长大要从事物理学和天文学的相关研究。学士毕业后，霍金转到剑桥大学攻读博士，研究宇宙学。可是天有不测风云，不久，霍金发现自己患上了会导致肌肉萎缩的卢伽雷病，这时的霍金只有二十一岁。

因为得了肺炎而接受穿气管手术，他再也不能说话。全身瘫痪的他，只有三个手指能活动，要靠电动轮椅代替双脚，说话和写字要靠电脑和语言合成器帮忙。

这种打击对霍金的影响是巨大的，起初他打算放弃从事研究的理想，但在理想的支撑下，最后他还是从挫折中站起来，继续醉心于研究，取得了更加辉煌的成绩。

霍金一生从事理论物理学的研究。他的著作包括《时间简史》及《果壳中的宇宙》。在别人眼里，霍金是不幸的，但他的精神使其成为当之无愧的学习典范。

拥有什么样的理想，就能造就什么样的人生。理想是人生的导航，是事业的基石，是前进路上的指南针。一个没有理想的人就像断了线的风筝，只能在空中东摇西摆，找不到自己的方向。而有理想的人就会像霍金一样取得举世瞩目的成绩。

不得不说，一个没有志向的人，不可能有明确的目标；反之，志向则是人生前进的内在动力。一个人的志向不是天生的，而是在后天的生活中确立起来的。曾国藩说，人如果能立志，他就可以做圣人、做豪杰，没有什么做不到的事情；而当一个人没有了志向、丧失了进取心的时候，想成材，无疑是白日做梦。

曾国藩的成功与他的“坚卓之志”是分不开的。用他自己的话说，就是“有破釜沉舟之志，则远游不负；若徒悠忽因愣，则近处尽可度活”。

可见，一个有远大理想的人，总是不停地超越自我，开拓思路，努力尝试新的途径，力争比身边的人走得更远。他意志坚定，总是激励自己付出更多努力，最后也能获得更大的成就。

高尔基说："一个人追求的目标越高，他的才力就发展得越快。"是的，你认为自己是什么，最终你就会成为什么。不论过去如何，那都不重要，重要的是你对未来必须充满期望。因为一颗充满希望的心，具有极大的创造力，这种创造力会帮助人们发挥长处，实现理想。

第八章

不要在乎别人的目光，
要知道自己该做什么

一个人只有不再需要依赖外界对自己的评判、自己能证明自己的时候，内心才能真正强大无比。一个内心强大的人，才能真正无所畏惧。也只有内心强大了，我们在生活中才会处之泰然，宠辱不惊。不论外界有多少诱惑、多少挫折，都心无旁骛，依然固守内心的那份坚定。

不要为难自己，要勇敢地走出来

在这个世界上，有很多东西值得我们去追求。在追求的路上，我们千万不要和自己过不去，要按照自己的意志去做自己想做的事，这样的人生才没有遗憾。毕竟，人生很难，何苦要为难自己，洒脱一些多好；人生很苦，何苦要辜负自己，糊涂一些多好；人生很累，何苦勉强自己，乐观一些多好。

在生活中，总有人抱怨现实残酷、社会黑暗，喟叹自己多么不如意，然后不断摧残自己，让自己不开心，慢慢对生活失去信心、不再快乐。其实，这是一种愚蠢的做法，这个世界已经够残酷了，我们何苦把自己的最后一点快乐也剥夺掉呢？

人生短短几十年，与其为难自己，不如给自己一份乐观，给自己一份平和，不指责，不抱怨；不苛求，不奢望；不计较，保持最真的情怀。不羡慕别人辉煌，不喟叹世态炎凉，用自信的脚步，坚定自己的选择；用平常的心态，经营自己的生活。

王心凌的歌曲《彩虹的微笑》中有一句歌词："笑一笑，没什么大不了。"不得不说，生活中的很多事情，笑一笑，想一想真的没什么大不了的。千万不要为难自己，要勇敢地走出来。

扎克在六岁的时候，在大街上玩耍，被飞驰而来的卡车撞倒了。经过抢救，虽然保住了命，但他的胳膊被无情地截掉了。

扎克到了上学的年龄后，因为肢体不健全被学校拒之门外。扎克常常趴在窗户边上，看着小朋友高高兴兴地去学校，感到非常伤感。他伤心地对妈妈说："我的胳膊和手都没有了，我该怎么办啊？"

妈妈强忍着内心的巨大伤痛，说："扎克，只要你坚持每天锻炼，你的胳膊和手还会再长出来的。"母亲的话让扎克脸上露出了开心的笑容。

在妈妈的帮助下，小扎克每天锻炼着用脚来洗脸、吃饭、学习等，在小扎克心里充满了希望，他牢牢地记着妈妈的话，只要努力地锻炼，他的胳膊和手都会很快地长出来。

几年的时间过去了，扎克发现自己的胳膊和手还是没有长出来，他知道妈妈在说谎，便不再用心锻炼，甚至还有一些自残行为。

这时候，妈妈说："孩子，你好好地想一想，别人用手能做的事情，你现在不是也完全能够做得了吗？你用脚代替了手，不是新长出了手吗？扎克，每个人都有一双坚强的翅膀和一双强有力的手，这些东西都是装在心里的，只要你愿意，它会帮助你战胜所有的艰难和困苦。"

扎克明白了，妈妈并没有欺骗他。于是，他不再为难自己，更加刻苦地学习和生活，坚韧的毅力帮他渡过了一次又一次的难关，他最终考上了大学，幸福地生活着。

每个人在成长中都会受伤，会哭泣，会悲伤，会觉得疼痛。而疼过之后，你就是一个全新的自己了。不要为难自己，因为你比任何人都知道，自己到底有多么不容易。让我们微笑地对待自己，时时给自己一个拥抱，告诉自己要快乐，要真的幸福。

很多人在做错事的时候经常反复地自责：怎么我那么笨？当时要是细心一点就好了。或是：我真该死，这样的错怎能让它发生？其实，仔细想想自己有没有犯过严重的错误。犯错对任何人而言，都不是一件愉快的事情。一个人遭受打击的时候，难免会在那一段灰色的日子里情绪低落。

最关键的是，我们不要为难自己，要控制好心情过好每一天。所以，不管遇到了什么烦心事，都不要自己为难自己；无论今天发生多么糟糕的事，都不应该感到悲伤。只要有一颗强大的内心，就能无所畏惧，就能拥有更美好的明天。

接纳不完美的自己

记得曾看到过这样一句话，“如果你没有姣好的容貌，那么你会有高贵的气质；如果你没有高贵的气质，那么你就会有一个聪明的头脑；如果你没有聪明的头脑，没关系，天使总爱笨女孩。”的确，十全十美是一种奢求，任何人都是独一无二的，都有着自己的精彩。

有一次，动物园举办了一个舞会，大家都为夜莺的歌喉叫好，都夸它是森林里最棒的歌唱家。骄傲的孔雀在台下愤愤不平，一肚子怨气。

孔雀对身边的燕子说：“夜莺的歌声那么美妙，人们都喜欢它。我的嗓音却沙哑无比，上天真是不公平。”

燕子安慰孔雀说：“虽然你的嗓音不好，但你的容貌与身姿却是别的动物比不了的。你开屏的时候，那么光彩照人，这是别人没法比的。”

“没用的，这种美丽是无言的，我一张嘴就‘不如别人’。”

燕子觉得孔雀太矫情，生气地说：“命运都是上天注定的，它给了你美丽的外表，给了夜莺美妙的嗓音，多看看自己拥有的，别总是抱怨自己没有的。”

毫无疑问，孔雀的美丽是令人羡慕的，但它却不停地抱怨自己没有美妙的歌喉，刻意地追求着完美，这是不可取的。

不得不说，从小到大，我们都被灌输要争第一、要赢过别人的思想。结果，我们都像这只孔雀一样，逐渐掉进了完美主义的怪圈，力求精细而忽略全局。其实，我们应该克服完美主义，重新做回真正的自己，要为不完美的自己喝彩。

俗话说："金无足赤，人无完人。"这句话道出了人生总是存在缺憾的道理。每个人都是不完美的，身上都有自己不愿意触碰的一面。于是，我们不惜代价地竭力伪装成别人喜欢的好人。许多人在追求完美的过程中损失惨重，却总是难以如愿。为了装出一副完美的样子，我们的身体、精神和心灵都承担着重压。其实，这样活得很累，不如接纳不完美的自己。

正如卡勒德·胡赛尼说的："我们总喜欢给自己找很多理由去解释自己的懦弱，总是自欺欺人的去相信那些美丽的谎言，总是去掩饰自己内心的恐惧，总是去逃避自己犯下的罪行。但事实总是，有一天，我们不得不坦然面对那些罪恶，给予自己心灵救赎。"的确，我们之所以要接纳和包容内心中的阴影，为的就是找回完整的自我，结束生活中的痛苦，让自己不必再欺骗自己，也不必再欺骗整个世界。

其实，每个缺点背后都隐藏着优点：好出风头只是自信过度的表现；邋遢说明你内心自由；胆小能让你躲过飞来横祸……这也是生命的一部分，只有真心拥抱它，我们才能活出完整的自己。要知道，成长的过程，就是接受一个不完美、不理想的自己，也接受这个世界的不完美和不理想。

曾看过这样一个故事：

有一个圆，它有一个小缺口，为了弥补自己的缺口，它每天慢慢滚动。经过森林，与大树一起听风声；经过河边，与流水一起欢歌。

终于，它找回了丢失的那一块缺口，于是就快速滚动起来。结果却发现，林梢风声、流水欢歌都离自己远了，曾经的美丽成了匆匆一瞥。

可见，不完美也是一种美丽。我们要像这个有缺口的圆一样，接受不完美的自己，不刻意追求完美，因为缺憾也是人生必不可少的一部分。

日有东升与西落，月有阴晴与圆缺，繁星有永恒与陨落。苍茫宇宙都不曾拥有过永恒的完美，我们又怎么能求来短暂历程中的完美？既然没有绝对的完美，又何必去强求，要知道过于苛求完美只能是对自己精神的一种折磨。得不到的才是最好的，完美不过是我们执着的心刻意设计出来的罢了。

其实，真正的自己并没有这么可怕，只是我们在乎的东西太多，所以一直想要逃避真实的自己。一切的不完美，你都可以坦然面对。接受不完美的自己吧，你会发现自己能过得更加开心，发现这世界还有更美好的东西我们不曾注意。所以，拥抱不完美的自己，这是成为你自己的必经之路。

学会放下，让心灵轻装前行

生活中有很多东西让我们舍不得放下，但如果心灵的空间被占得满满的，我们又怎能获得生活的轻松与快乐呢？其实，人生的一切烦恼，归根到底就是没有学会放下，使身心背负着沉重的包袱，因而生活也变得越来越累、越来越辛苦。

人生赢在勇于放下，只有拿得起又放得下，才是真正无怨无悔的人生。放下，不仅是一种解脱的心态，更是一种清醒的智慧。如果不懂得放下，我们势必会在各种诱惑中迷失自己，从而跌入欲望的深渊。只有放下贪念、执着，才能还心灵以自由，让自己获得梦想中的成功，有一个快乐的人生。

有一个小男孩在玩一只贵重的花瓶，他把手伸进去，结果竟拔不出来。父亲费尽力气也帮不上忙，于是决定打破瓶子。

在打破花瓶之前，他决定再试一次，对孩子说：“儿子，现在你张开手掌，伸直手指，像我这样，看能不能拉出来。”

小男孩却说：“不行啊，爸，我不能松手，那样我会失去一分钱。”

读完这个故事，大家也许会笑，但多少人正像那个男孩一样，执意抓住那无用的一分钱，也不愿获得自由。

不得不说，生活就是这样，如果太希望赢，就会输得很惨；太在乎得，往往会失去很多；太期盼财富，离贫穷就越来越近。生命之舟载不动太多的物欲和虚荣，要想使之不在中途搁浅或沉没，就必须轻载。只有在心中放下，自己才能得到解脱，也唯有放下，才能更好地前进，去接纳新事物。

学会放下，压力、烦恼、敌人、痛苦等自会减少很多。有时候，你会发现，放下也许让你离目标更近；懂得放下，让你领悟到的是一种释然，是一种心灵的升华。

在成名之后，居里夫人在全球范围内获得了巨大的声誉，也有了数不尽的财富。然而，在简单地装点了一下自己的客厅之后，她却把那些华美的家具全部送人了。在偌大的客厅里，只留下一张简陋的桌子和几把椅子。

面对人们疑惑的目光，居里夫人说："我永远追求安静的工作和简单的生活。"不过，这样简陋的装点，实在过于清苦。但这样一来，居里夫人就不必整天忙碌于招待前来拜访的客人。她自然少了许多社交应酬，从而拥有了更多的时间来全身心地投入到科研工作中。

居里夫人扔掉了那些豪华的桌椅，或许有人会觉得可惜。但她的做法是明智的。对于一个全心沉浸于科学事业的人来说，总是不愿意被那些不必要的应酬所打扰的，否则她的科研工作就会大打折扣。所以，那些招待的桌椅显然没有任何意义了。有时候，主动放弃一些东西，我们才可以在别处有所获得。

在我们周围，经常有人发出这样的感慨"我怎么就升不上去""我怎么就没钱"？我们渴望名利带给我们生活的满足感，但却常常忘了遏制对名利的过度追求，以至于被名利胁迫。名是缠人的缰，利是捆人的锁。我们只有摆脱束缚我们心灵的名利绳索，听从内心真切的呼唤，才能享受属于自己的幸福。

放下是一种心态，更是一种智者的胸怀。其实，人生在世，不如意者十有八九。正如庄子所言："荣辱立然，后睹所病。"放不下，其实是自己和自己过不去。佛家认为，我们只有净化心灵，把心中的烦恼、苦闷、贪婪加以清理，生活才更有活力，更有朝气。

"世上本无事，庸人自扰之。"人生，不长不短，总会有未知的迷茫和坎坷。有些事情是不必在乎的，有些东西是必须放下的。只有该放下时放下，让心灵轻装前行，你才能够腾出手来，抓住真正属于你的快乐和幸福。

不要因为一时的冲动昏了头脑

在生活中，我们也许都遇到过这样的情形：在洗手间，偶然听见同事在说自己的坏话；隔壁的邻居把音响开得很大，让你无法休息；遇上无理取闹的客户等等。这时，我们很容易被激怒，因为一时冲动而做出一些让自己事后悔恨不已的事情来。

不得不说，冲动是一种具有极大破坏性的情绪，会带给我们很大的负面影响。西方就有一句古老的谚语："上帝欲毁灭一个人，必先使其疯狂。"不管一个人多么优秀，在冲动的时候，都会做出错误的抉择。

有一次，成吉思汗带着一名手下去打猎，但运气欠佳，到了中午依然没有任何收获。成吉思汗不甘心，让手下返回帐篷，自己又带着皮袋、弓箭以及心爱的飞鹰，继续寻找猎物。

太阳狠毒，他走了好长一段时间，水壶里的水已经喝完了，他口渴难耐，却找不到任何水源。后来，他来到一个山谷，看到有细水从上面一滴一滴地流下来。成吉思汗立即从皮袋里取出一只杯子，耐着性子用杯去接流下来的水。

好不容易接到七八分满时，他正要喝水。一阵风刮过，杯子被刮翻了。成吉思汗又急又怒，他抬头望见他心爱的鹰在头顶上盘旋，这才明白是它捣的鬼。他非常生气，却又无可奈何，只好自己拿起杯子再次接水喝。

当水再次接到七八分满时，又有一阵风把水杯弄翻了。成吉思汗恼怒万分，冲动的他失去了理智，决定好好整治一下他心爱的飞鹰。于是，成吉思汗又重新接水，当水接到七八分满时，他慢慢地从身上取出尖刀，然后把杯子慢慢地移近嘴边。这时老鹰又向他飞过来，成吉思汗用很快的速度举起尖刀，把鹰杀死了。

这么一折腾，手中的杯子掉进了山谷里，成吉思汗无法再接水喝了，只好向上爬，希望能找到湖泊或山泉。当成吉思汗终于攀上山顶时，发现那里竟然有一个蓄水的池塘。

真相大白，但飞鹰已经被自己杀死了，成吉思汗后悔莫及。

成吉思汗在盛怒之下杀了心爱的飞鹰，明白了事情的真相后他后悔莫及。假如他能忍住一时的怒气，就不会有这样的悲剧发生。但事情已经发生了，世上没有卖后悔药的，我们千万不要在冲动时做出决定。

毫无疑问，冲动的人，缺乏理智。当一个人冲动时，全部的注意力都集中在导致他冲动的这一件事情上，对于其他的诸如后果之类的问题根本就没有时间去考虑。从冲动到理智的距离，其实只是一念之差。没有人真的喜欢冲动，愿意冲动，热衷于冲动。容易冲动的人只是自我控制力太弱了而已。

莎士比亚曾在《奥赛罗》中描写过这样一个悲剧角色：威尼斯公国的一员黑人勇将奥赛罗，与元老的美丽女儿苔丝狄蒙娜真心相爱并顶着巨大压力成婚。奥赛罗手下有一个阴险狡诈的旗官伊阿古，想除掉奥赛罗。他精心设局挑拨奥赛罗与苔丝狄蒙娜之间的感情，说另一名副将凯西奥与苔丝狄蒙娜关系非同寻常，并伪造了所谓的定情信物。

奥赛罗信以为真，在愤怒中完全失去理智，掐死了自己的妻子。当他得知真相后，悔恨之下拔剑自刎，为自己的冲动付出了惨重的代价。

无论做什么事，我们都要三思而后行，如果单凭自己的意气用事，势必造成不堪设想的后果。在人的一生中，重要的决定往往只有关键几个，而我们的思维中总会出现一些偏见和错误，冲动往往干扰我们做出正确的决定，我们在面对重要问题时，要学会冷静自制，让自己的内心强大起来，千万不能让冲动成为自己前进道路上的拦路虎。

高尔基说："哪怕对自己小小的克制也能使人变得强而有力。"愿我们都学会自我控制，用理智和意志驾驭自己的感情，做自己情绪的主人。只有让自己的内心强大起来，我们才能做生活的强者和事业上的成功者。

不要看轻任何人

我们要尊重别人，不要看不起任何一个人。因为他现在境遇不好，不代表将来不好；你机遇不错，不一定你永远都这么好。世界一直在变，人生的起落沉浮谁都无法预料。我们不要用高傲的姿态看别人，这只会显得你自己很渺小。

有一只蚂蚁被风刮落到池塘里，危在旦夕，树上的一只鸽子看到这种情景，赶忙把一片叶子丢进池塘。蚂蚁爬上了叶子，叶子漂到池塘边，蚂蚁得救了。

过了一段时间，蚂蚁看到有一个猎人用枪瞄准了树上的鸽子，但鸽子一点儿都没有察觉。就在猎人开枪之际，蚂蚁爬上了猎人的脚，狠狠地咬了一口。

结果，子弹打歪了，鸽子逃过一劫，蚂蚁报了鸽子的救命之恩。

一只小小的蚂蚁在关键时刻竟然能起这么大的作用，如果当时鸽子不在意这只小蚂蚁，也许它就命丧猎人的枪口了。

动物世界是这样，人类也是如此。一个人不管职位高低、财富多少、能力大小，都有他存在的意义和作用，都是不容忽视的。

从小到大，王敏一直是别人羡慕的对象，他不仅长得英俊而且学习成绩好。毕业后，王敏被聘到一家跨国公司做总经理助理。第一天上班，王敏就发现原来经理助理并不只是他一个人，还有另外一个同事，从总经理介绍看来，这个人绝不逊色于自己，一向十分自信的王敏感到了压力，他就这样开始了职业生涯。

一次会议结束后，总经理对两个助理说："最近和外商有一个谈判，只能带一个人去，但我现在还不能决定谁可以胜任。所以我要进行一个小型的资格考核。题目是，在一周内了解这几个人的性格和家庭情况。我会把你们安排在两个不同的部门之中，前提是你们不能"泄密"自己是总经理助理，并且不能向认识的人打听你想知道的人。"

很快，王敏被安排到市场部，而另一个助理被安排到财政部。一向自信的王敏被这个题目难倒了。因为他始终找不到一个叫林云的人，更别说去了解他了。一周的考核时间很快结束了，王敏落选了。

王敏没想到，这个叫林云的人是公司门口的保安，更让他郁闷的是，林云还带朋友到市场部找过他。王敏懊恼万分，但也无济于事。他之所以会失败，是因为他根本没有料到一个公司保安竟然和许多公司经理级人士一起排列在名单之上。他骨子里存在的那点不合时宜的"孤高自傲"害了他。

说到底，我们都是常人，即使身居高位，即使拥有万贯家财，即使声名远播……我们都应该记住自己本就是一个世俗之人，没什么了不起，只有怀着这种心态，才不会看轻任何人。

在《史记》中，刘邦重用陈平的故事，我们并不陌生。

陈平年轻时，曾经在魏王门下当差，但没有获得重用，后来又到项羽手下做事，因为和项羽闹翻不得不连夜逃亡。最后，他投靠刘邦，担任护军中尉，成为刘邦座驾的陪乘。

不过，当时陈平的名声非常差，有人向刘邦进谏："陈平是一个小人，在家时曾和兄嫂私通，不得已才离开家乡；在魏、楚的军营中也是穷困潦倒，才前来投奔我们；到了我们的军营，受封官职，居然还接受官员的贿赂。"

刘邦笑着对这位臣子说："你刚才说的是有关陈平个人品德的事，不过，现在天下纷争，我所需要的是有才能的人，仅仅品德高尚，对我军没什么大用。”

刘邦不但没有计较陈平品德上的过失，反而不断委以重任。最后陈平官至丞相，对于巩固汉朝江山做出了重大的贡献。

不要以自己的标准来要求别人，也不要戴着有色眼镜看人。你看不惯的事情，并不一定就是不好。幸福的理解有千万种，每人的诠释也不同。让世界充满爱的味道，我们都怀着一颗感恩的心去面对生活，面对所有人，只有这样，我们的生活才会越变越美好。

不要在乎别人的目光，要知道自己该做什么

在生活中，我们会接触到形形色色的人。有时候，他们的言行举止会影响到我们的判断。暂且不说跟随他人的指点是否正确，我们在听从他人的同时其实也在丧失自我。如果总是被别人的看法左右，如果让自己活在别人的目光和唾液里，如果缺乏主见、一辈子匍匐在别人的脚下，那我们也许一辈子都将一事无成。

在南非的一个大峡谷中，有一天，人们发现这里横七竖八地躺着二千七百多只羚羊的尸体。这些羚羊都是从大峡谷上面摔下来的，场面惨不忍睹。

羚羊的死因引起了各方猜测，大家众说纷纭：有的说，是因为群羊遭受其他动物的攻击，被迫跳下悬崖的；有的说，是因为偶然失足才掉下山崖的；有的说是羚羊集体自杀……但这些猜测都站不住脚。因为人们在现场并没有发现羚羊有被其他动物追赶的迹象，而且二千七百多只羚羊全部掉下来，简直匪夷所思，再说从来没听说过羚羊有集体自杀的习性。

羚羊的死因之谜也引起了开普敦大学动物学家贝拉教授的关注，他最终破解了羚羊死因之谜。

原来，这种羚羊有一个习性，每年的秋季要进行集体迁徙。在迁徙中，个头最大的那只羚羊会担任领头羊，后边的羊跟着它跑。不幸的是，

这群羊中的领头羊患了眼疾，接近半盲状态。当它带着羊群跑到大峡谷上方的开阔地时，由于峡谷边缘有半米多高的草，所以它没能发现前面是万丈深渊，一下子就冲了过去，结果就摔下了悬崖。

这种羊已经形成了一种习性：一切向着领头羊看齐，无论对错，只知道盲目跟从，所以就纷纷跟着领头羊跳了下去。如果有一只不盲目从众，就能够改变命运，幸免于难，但是没有。

在生活中，我们要忠于自己，不必老是顾虑别人的想法，或总是想取悦他人。生命的可贵之处就在于按自己的想法生活，不要在乎别人的目光，要知道自己该做什么。不论如何，一定要保持自己的本色。

其实，我们每个人都有潜能，保持自己的本色，不论做任何事，都要顺着你心中所想的去做，独立思考，拥有自己的主见，我们将获得真正的快乐。

刚开始，威尔·罗吉斯在一个杂耍团中，只是表演抛绳技术，没有任何说话的机会。后来他发现自己在讲幽默笑话上有特殊天分，于是，他开始在表演抛绳的时候说话，最终一举成名；卓别林最初拍电影的时候，那些电影导演都坚持让他去学当时德国一个非常有名的喜剧演员，直到卓别林创造出自己的一套表演方法后，才开始出名；金·奥特雷刚出道的时候，想改掉自己的德州口音，成为一个城里绅士，结果大家在他背后笑话他。后来，他开始弹五弦琴，改唱西部歌曲，开始了他的演艺生涯，并成为全世界著名的西部歌星。

有一句话说得好，最适合自己的就是最好的。我们要拿出“走自己的路，让别人去说吧”的勇气踏踏实实地做自己的事，只有这样才有可能取得成功。当我们遇到磕磕绊绊时，必须冷静对待，用心思考，仔细分析，认真抉择。不从众，方出众。我们只有拒绝盲从，学会理性思考，才能离成功越来越近。

第九章

找靠谱的人做事，和聪明的人聊天

我们不能以自己为中心，要力争做一个靠谱的人，只有甩掉那些借口和推辞，拒绝拖延，拒绝信口开河，拒绝找借口，才会有更多靠谱的人愿意与我们合作。只要一直靠谱下去，相信运气就不会差到哪里去。

做一个靠谱的人

如今，很多年轻人都认为，成功要靠家庭背景，要靠大学文凭，要靠投机取巧。其实，真正的成功是靠自己的努力，如果你是烂泥，家庭背景再好也扶不上墙；如果你懒惰，想必也考不上理想的大学；如果你目光短浅，投机取巧也无从下手。因此，真正的成功是靠自己，只有自己靠谱，才能在一言一行的积累中，走出成功的人生。

正如吹拉弹唱要靠谱着调一样，为人处世同样也得靠谱着调。如果说话不着调，做事不靠谱，最后的结局只能是没有立足之地。所以，我们说话要着调、做事要靠谱，凡事让别人信得过自己，你才能在人生舞台上大有作为。

那么，什么是“靠谱”呢？大体来说，就是让人放心，让人有安全感。“靠谱”的人思维和行动有一致性和可预测性，能让他人心里有谱，从而被信任。与一个“靠谱”的善良人相处，人们心里坚信他不会无故伤害自己。

“靠谱”的人有他自己的心理底线，即使他的心理受了刺激，遭遇了意外，他的行为也总不会跨过那道底线。“靠谱”是一种成熟的表现，这样的人不仅容易交朋友，也更容易得到他人的信任，很少遭到外人的误解。因为他们的行为和思维有稳定性，因此，人们可以根据他们的态度逻辑性地推测出结果。

在生活中，我们肯定遇见过说话没谱的人，也遇见过做事不靠谱的人。其实，很多时候，我们也会成为别人眼中说话没谱、做事不靠谱的人。毕竟，我们不能保证我们不犯错误，但是我们应该保证用正确的说话方式和做事方法引导自己少犯错误。所以，重要的不是逼自己改正错误，而是用正确的说话方式和正确的做事方法去影响自己；只有拥有了正确的说话方式和做事方法，才能知道自己之前为什么错、错在哪里，才能真正弥补自己的不足，成为一个办事靠谱的人。

如果我们留意一下，就会发现那些真正值得信赖的人很少说“我保证”，甚至连“你放心”之类的话都很少说，但他们往往做得很好，让人非常信任。而那些常常拍着胸脯叫别人放心的人，却经常是让人不省心的。

你是否犯过错？是否让别人失望过？是否有过让对方莫名其妙地失落、愤怒、伤心？是否失约过？是否让同事冷淡过？是否眼巴巴地看着别人涨工资，自己却无可奈何？若想解决这些问题，就要做一个靠谱的人，那么，我们如何做到靠谱呢？

1. 做真实的自己

在奋斗的日子里，找到力量；在坚持的过程中，找到共鸣；在迷茫中，看到希望；在前进中，找到灯塔。单调世界，因青春而多彩。在自己身上寻找发光点就是爱自己，就是寻找自己的人生定位，唯有对自身有一个正确的认识，才能获得人生的成功与幸福。我们千万不要为了让别人高兴或让别人重视你就以别人的标准来定制自己的言行，从而与实际背离。比如，对别人的承诺就一定要办到，办不到的事情千万不要答应，与其失信于人，不如让人对你就没有希望过。

2. 善于表达自己的观点和想法

敢于直接提出自己的要求，有时候不表达就意味着默许和承诺，若兑现不了就意味着失信于人。比如，领导交办了一项工作，从现实资源状况、自己的能力以及内心感受等方面都认为不合理，难以完成，但因为怕领导不高兴，碍于面子或因为胆小，或是想表现自己等多种因素，就默然答应了。这不仅会失信于人，更重要的是可能会耽误领导的大事，不如直言说出自己的观点。如果说出之后领导还一再坚持，就要竭尽全力去完成，这样才会在领导心目中成为一个靠谱的人。

3. 答应的事就要做到

我们身边有很多人，有的人之所以得到大家的信赖和依靠，是因为他答应了别人的事情，就会尽力去做到，不会轻易爽约。有些人并不在意承诺，随口答应，回头便忘记了。我们不能用诚信与不诚信来评价一个人的好坏，但是我们每个人都希望别人讲诚信。所以，我们若想成为一个靠谱的人，就要一言九鼎，认真、用心地做好自己承诺过的所有事情，不要敷衍了事。要知道，敷衍别人损失的一定是自己，要为人真诚，敢承诺就要敢担当。

虽然我们无法要求别人靠谱，只能选择找靠谱的人去交往和信任，但是我们有能力让自己靠谱，以便赢得周边更多人的信任和机会。让我们都努力做一个靠谱的人，做一个值得别人信任的人吧！

找靠谱的人做事，和聪明的人聊天

马云说："创业时期千万不要找明星团队，千万不要找已经成功过的人。创业要找最适合的人，不要找最好的人。"最合适的人，也就是最靠谱的人，只有这样，才更容易成功。

现在，人们都喜欢聊得来的人，其实年头长久了，你会发现，那些所谓的聊得来只是一种心理满足感罢了，而靠谱才能真正给予双方安全感。当一个靠谱的人承诺你的时候，他在心里已经有了把握，这件事情该怎么办；而一个不靠谱的人承诺的时候，他多半是察言观色，发现你的心理需求，用语言满足你，能不能办他根本就没有想过。不过，和你聊天的聪明人会想办法让你觉得他尽力了，其实他连心都没用一下，只是做了个样子罢了。所以，找靠谱的人做事，而聪明人不过是聊聊天罢了。

当然，聪明的人能力比较强，但不一定靠谱。而靠谱的人不一定聪明，但一定是有能力且诚实守信的人。在生活中，人们往往喜欢和聪明的人交往，但不一定会真心实意地相处，因为变数太大。而人品好、靠谱的人，他会体察对方的困难，而后，从自身的角度尽可能地为你办实事，自然会有更多的人与之相处交往。

信口开河，很多时候意味着不诚信。它并不一定是生死攸关的大事，却经常疏忽在点滴之中。凡事都能拖，人生也会在碌碌无为中消耗殆尽，做到有心、靠谱才是对一个人最大的奖赏。

每年，巴菲特都会同大学生进行座谈。有一次，有学生问他：“您认为一个人最重要的品质是什么？”巴菲特没有直接回答，而是讲了一个小游戏，名为：买进你同学的百分之十。

巴菲特说：“现在给你们一个买进你某个同学百分之十股份的权利，一直到他的生命结束。你愿意买进哪一个同学余生的百分之十？你可能会选择那个你最有认同感的人，最有领导才能的人，能实现他人利益的人，慷慨，诚实，即使是他自己的主意，也会把功劳分予他人的人。然后把这些好品质写在一张纸的左边。

“现在再给你一个机会，让你卖出某个同学的百分之十，你会选择谁呢？你可能会选择那个最令人讨厌的人，不仅你讨厌他，其他人也讨厌他，大家都不愿意和他打交道。因为此人不诚实，爱吃独食，喜欢耍阴谋诡计，喜欢背后说人坏话，喜欢过河拆桥、落井下石，等等。然后你把这些坏品质写在那张纸的右边。

“当你仔细观察这张纸的两边，你会发现能力强弱并不重要，是否美若天仙也无所谓。左栏那些真正管用的品质，全都是你可以做到的，只要你愿意行动。而那些坏品质，只要你有决心，也一定能改掉。如果你能够做到左栏写的，摒弃右栏那些，你就会成为人人愿意买入百分之十的人，更好的是你自己本就百分之百的拥有你自己。”

在这里，如果你是那个人人都愿意买入百分之十的人，那你不一定聪明，但你一定靠谱。一个靠谱的人，往往更容易得到信赖和尊重。

要知道，靠谱是对一个有自主行为能力的人的最大褒奖。不仅仅是在对自己的自控力上，还有最重要的一点是“言出必行”。我们要力争做一个靠谱的人，甩掉那些借口和推辞，避免“等有空的时候”“有时间”“什么时间”这些模糊的概念，因为很多时候自己说一说就算了没有往心里去的事情，其实也是在一点点消耗自己靠谱的能力值。所以，我们要拒绝拖延，拒绝信口开河，拒绝找借口，做个靠谱的人，才会有更多靠谱的人愿意与我们合作。

忠诚之心远远超越抖出来的机灵

在生活中，每个人都能突发奇想，拿出一个超出别人地方的技能，如同智商高低一样，人与人差距并不大，即使个别人智商超群，如果情商有问题，也会大打折扣。聪明的人懂的很多，靠谱的人也不一定懂的就少。在当前知识大爆炸的时代，信息的获取速度超过以往，很多人自然变聪明了。

但忠诚远远大于能力，忠诚之心远远超越抖出来的机灵。单位可能辞退有能力的员工，但对一个忠心耿耿的人，不会有领导愿意让他走。他会成为这个单位铁打营盘中最长久的战士，而且是最有发展前景的员工。

当然，忠诚不是一个简单的概念，也不是单向的付出。员工的忠诚不是愚忠，不是简单地为企业效命，而是首先要忠诚于自己的职责和事业，把自己的职责、事业与企业的发展结合起来。另一方面，有了忠诚不一定就有了一切，真正的忠诚是有能力的忠诚，是为了自己的忠诚而努力提高自己。做个忠诚的员工，是信念，是态度，更是行动。那么，我们如何才能成为一名忠诚的员工呢？

1. 站在老板的立场上思考问题

职场中有些人不去提高自己的能力，而总是抱怨公司和老板对自己不够重视。其实，问题出在自身，是自己没养成学习的习惯，不提高自己的工作能力，老板怎么会青睐你呢？如果你想改变不被老板赏识的现状，获得提升的机会，抱怨是无济于事的；相反，你革除了抱怨这种坏习惯，好的机会很快到来。

有句话说得好，老板是你最大的客户。无论你从事何种工作，身处何种职位，你必须知道一件事：只有满足了老板的要求，你才能在职场上站住脚，才能有发展和升值的机会。站在老板的立场上思考问题，把自己当作公司的主人，是提高个人思维品质、执行能力、职业信誉和个人品质的最快捷的方式。明确自己应负的责任，通过不断努力来取得进步，只有这样，你才能达到改善的目的，才有可能享受到成功的果实。

2. 与上级分享你的想法

在工作中，有些人兢兢业业，但不善于向老板汇报工作。对于上级来说，他们往往就是一群容易被遗忘的人。上级心情不好时，甚至会说："真不知道他们在干什么？"如果想让上级了解你，你就必须抓住适当的机会，将自己的想法和愿望及时主动地表达出来。

与上级分享你的想法，既可以得到上级的指点，也可以让你的想法为企业创造利润，体现你的价值，从而获得提升的机会；但是如果你不懂得与上级分享你的想法，你很可能得不到任何机会，就算很有实力也往往会被别人所取代。

与上级分享你的想法，需要的不仅仅是胆量，更重要的是要掌握说话的技巧。勇于自我批评，直接表达内心的想法，有时候比竭力为自己辩护或向上级据理力争的效果要好很多。我们要把自己的想法和建议在适当的时候以适当的方式表达出来，让他人通过你的表达理解你的思想，这样才能使你的话有意义。

3. 时刻维护公司的利益

现代社会中，公司是一个多方利益共同体。公司利益是实现职工个人利益的基础，公司利益与个人利益紧密相连，相辅相成。公司的持续发展，直接关系到职工的利益能否实现。只有公司的利益得到了保障，职工利益才能得到相应的保障。只有公司盈利了、效益提高了，公司职工的工资、福利待遇才会随之提高。所以，公司的利益其实也是个人的利益，公司的兴衰与员工个人息息相关。大河与小河的关系是再浅显不过的道理。就这个角度而言，维护公司利益就等于维护个人利益，无论何人，无论何时何地，都应遵循这一原则。

一名优秀的员工首先应该把公司利益放在第一位，无论何时何地，都要最大限度地维护公司的利益。越是在公司困难的时期，越要努力工作，与公司同舟共济。时刻将公司利益置于首位的人，才是一个具有良好职业道德的人。你想要在公司里赢得上下的信任，就要以公司的利益为重，时刻维护公司的利益。

4. 琢磨为公司赚钱

当今社会，市场竞争如此激烈，老板首先要考虑的是公司的生存与发展，高帽子戴着再舒服也比不上公司利润的增长。因此，老板心中分数最高的员工，一定是业绩斐然的员工。

企业的成功，既是老板的成功，也是员工的成功。老板成功了，员工也就必然成功了。双方的关系就是“一荣俱荣，一损俱损”。因此，帮助老板实现利润最大化是每位员工的使命。为了加强你的责任心，你可以把“我要成为为公司赚钱最多的人”这句话写在你的工作笔记本扉页上，也可以把这句话写在卡片上，放在你的钱包里，或是放在家里的镜框上，时刻提醒自己。

5. 在外界诱惑面前经得起考验

在生活中，有许多诱惑和考验，最难抵御、最能使人神魂颠倒的是财和色，因为这关系着人的基本需求，也特别容易侵蚀人的灵魂，所以，抵制住金钱和美色的诱惑，是考验我们精神世界的重要一关。很多公司都有这样的员工：他们为了一己之私，不顾公司的利益，将公司的商业机密出卖给别人。虽然这样能获得一时利益，但长期下来，损害的是自己的职业声誉和前途。

不得不说，诱惑随时可以让一个人背叛自己信守的道德、情感和原则。理清人生不同阶段自己的需求排序，是人生最重要的功课。只有这样，我们才能“耐得住寂寞，经得起诱惑”，才能以自己定义的方式享受生活，才能保持航向，不会偏离由你设定的快乐和幸福的轨迹。

能力可以培养，人品不易改变

人的一生虽然短暂，但生命的成长和精神境界的提升却是一个漫长的过程。许多人都在追逐一些华而不实的东西，却忽视了一生中一切事务的根基——“人品”，以致到头来才发觉自己的一生其实都处于浑浑噩噩的状态中，并未取得任何实质性的成就。

人品关乎一种生活方式，而不是某个具体事件；关乎人自身的价值，而不是拥有什么；关乎人由内而外的道德品质，而不是名片上印着的头衔；关乎人的目的，而不是才华；关乎点点滴滴的善行，而不是卓越成就。一个人不管多聪明、多能干、背景条件有多好，如果人品很差，那么，他的事业将会大受影响。只有好的人品才能做大事，孔子的思想可以说是中国几千年文化底蕴的沉淀，他告诉我们“德才兼备，以德为首”“德若水之源，才若水之波”。毫不夸张地说，人品，是人真正的最高学历，是人能力施展的基础，是当今社会稀缺的品质标签。

不得不说，任何失败都不是偶然的，同样，任何成功都有其必然性，其中最重要的一个因素就是人品，好人品是每个人成功的黄金招牌。一流的员工不能只有业绩，同时更要有好人品！人品，是看不见的竞争力，是一个人成功最重要的资本，是人最核心的竞争力。

在任何企业和组织里，总会同时存在五种人：能力好，人品好，称之为极品；能力一般，人品好，称之为良品；能力好，人品一般，称之为次品；能力差，人品差，称之为废品；能力超强，人品超差，称之为毒品。可见，人品比能力更重要。

一个人如果品质不好且能力差，还不至于有大的危害，反而是一个能力非常强、智商非常高的人，如果品质败坏，那他所造成的危害就会非常大，有时候甚至会断送一家公司。

无论是一个人还是一家企业，都会面临各种利益的诱惑。面对诱惑，人品是关键。而企业的“人品”就是品牌，品牌是由品质和品位来保证的，企业的品行是品质和品位之上的更高层次。

《周易》曰：“天行健，君子以自强不息；地势坤，君子以厚德载物。”品格决定一个人的生命高度，也决定一家企业的社会高度。立业先立德，做事先做人，在这个竞争激烈的年代，一个人想要有所作为，一家企业想要成功，必须要守住品格。

“质量就是生命，产品等于人品”，这是在蒙牛到处都能看到的一条标语。牛根生把牛奶品牌的建立归结为三要素：品质、品位、品行。品质是首位的，如果品质得不到保证，生产、营销、广告、品牌、声誉，各个环节的投入都不可能有回报，甚至连成本都收不回来。

为了保证优良品质，蒙牛创造性地采取了两项举措：一是着眼于“净”，在国内第一个建起了奶车桑拿浴车间，奶罐车从奶源基地每向工厂送完一次奶，都在高压喷淋设备下进行酸、碱及蒸汽和开水清洗，最大限度地保持了草原牛奶的原汁原味；二是着眼于“稠”，即着眼于香浓，公司在产品生产中添加了“闪蒸”工艺，在百分之百原奶的基础上再去掉一定比例的水分，从而使草原牛奶闻更香、饮更浓。另外，蒙牛还成立了质量控制中心，对产品质量进行全方位、全过程的控制，确保了产品出厂百分之百的合格率。

就这样，蒙牛靠品质赢得了广阔的市场。

对于一个人来说，在具备相应工作能力的条件下，是否具有好的人品，将成为一个人是否能成功的重要因素。人品的好坏决定个人的发展方向，一个人人品不好，即使他有天大的才能，也不可能会取得成功，即使取得了成功也是昙花一现，不可能长久。

微软公司前副总裁李开复曾说："我把人品排在人才所有素质的第一位，超过了智慧、创新、情商、激情等，我认为，一个人的人品如果有了问题，这个人就不值得一个公司去考虑雇用他。"的确，很多著名企业在用人上都秉持这样的原则：有德有才，破格使用；有德无才，培养使用；有才无德，观察使用；无德无才，坚决不用。

企业和组织最看中的是一个人的品德。因为能力可以培养，品德却是无法培养的。一个在业务上、技术上是人才而品德上有问题的人，企业和组织是不会接纳的。因此，很多企业和组织在招聘和提拔员工时首先把人品放在第一位。

新加坡的前总理李光耀对人才有严格的要求。他指出：除了教育程度、分析能力、实事求是、想象力、领导力、冲劲，"最重要的还是他的品德与动机，因为愈是聪明的人，对社会造成的损害可能愈大。"

有一位名人谈到自己的成功经验时这样说："一个人一辈子做诚实有德之人，绝对会赢得别人永久的信任！"世间技巧无穷，唯有德者可用其力，世间变幻莫测，唯有人品可立一生！这就是作为一个成功人士或希望成为一个成功人士的人应该具备的优秀品质。

俗话说：做事先做人。无论何人，无论从事何种职业，无论身处何时何地，能力并非第一，更不是唯一，因为高尚的人品比卓越的能力更可贵。

对企业来说，你的能力可以慢慢培养，在学习的过程中，你可以从普通变为优秀，从优秀走向卓越，而人品坏了就不太好改变了。在工作中，领导可以迁就你能力的不足，但绝不会容忍你品德的缺陷。因此，作为员工，如果你有超强的能力，千万别忽视自己的品德修养。如果你没有优良的品德，是无法获得大成功的。

人品决定态度，态度决定行为，行为决定着最后的结果。人品意义深远，没有人会愿意信任、重用一个人品欠佳的员工。好人品已成为现代人职业晋升的标杆与成功人生的坚实根基。要想获得成功，不仅要有能力，更要人品好，这样才能成为企业和组织中最受欢迎的人。

与老板“共苦”，才有机会“同甘”

如果说公司是水，那么员工就是水里的鱼和虾，鱼和虾没有水的滋养，就没有生命，水没有了鱼和虾的嬉戏，就没有灵气；如果说公司是大地，那么员工就是大地上的花和草，花和草没有大地的哺育，就无法生存，大地没有花和草的点缀，就没有五彩斑斓的美景；如果把员工比喻为一粒种子，那么公司则是培育这粒种子的厚土。不论是为了个体的生存，还是为了实现人生的理想与价值，生命的成熟与成长，都必须在工作中得以完成。反之，公司是船，员工是水，没有员工的努力与支持，公司的发展与辉煌无非是场黄粱美梦。

所以，公司与员工应该的是一种双赢模式。如果你要成功，如果你想辉煌，如果你渴望尽最大能力实现人生的价值，请不要忘记——与公司同呼吸！同舟共济，挥戈猛进，公司这条船将载着你扬帆远航！

企业是一条航行于惊涛骇浪中的船，老板是船长，员工是水手。一旦上了这条船，员工的命运就和老板的命运拴在一起了。老板和员工有着共同的前进方向，有着共同的目的地，双方绝对不是对立的。老板承受着保障公司生存以及全体员工发展的压力，员工承受着某一局部的压力。与老板同舟共济，包括尽职尽责地完成本职工作，最大可能地分担老板的压力，和老板一道，让企业这条船驶向成功的港湾。

任何一个员工，如果没有与企业共同发展的信念和价值观，总是把个人利益放在第一位，那么，他就不会成为优秀员工，就不会随企业的发展而健康成长，更不可能成为企业的出色管理者。因为个人的力量是有限的，就像大海中的一滴水，不管这滴水多么晶莹剔透，只有融入大海，才不会干涸；人只有融入群体，通力配合，才能演绎出无数的壮观；一个人只有以高尚的忠诚品格、高度的敬业精神和高昂的创业激情，积极投身到工作中去，将个人价值与企业利益有机结合，其聪明才智才能得到充分发挥，个人价值才能得以完美展观。

在成功的企业里，大部分员工能与老板“共苦”，才有机会“同甘”。曾看到这样一个员工和老板同甘共苦的案例：

麦克蒂罗 1993 年到某计算机配件制造公司时，公司很小，只有二十多个人，老板叫彼特，是一个只比麦克蒂罗大三岁的年轻人。

在这一年十月，公司接到一大笔订单，为某计算机公司加工五十万只硬盘。这对当时的公司来说，已经是超级订单了。公司上上下下都忙起来，全部资金和相关资源都投入进去了，然而，天有不测风云，所生产的硬盘出现了严重质量缺陷。1994 年 2 月，五十万只硬盘全部退货！对于一个小公司来说，这样的打击太沉重了，不仅没有赚到一分钱，还欠了一屁股债，银行知道退货消息后，天天上门讨债。到 1994 年 3 月的时候，公司连水费都无力支付了。

彼特好不容易凑齐了发工资的钱，在发工资那天，他召开了员工大会，向员工陈述了公司面临的困难，并希望员工和他共同来应对这暂时的困难。在了解了公司的困难情况后，很多员工提交了辞职报告书，他们还草拟了一份所谓的赔偿协议，逼着彼特签字。彼特并没有开除这些人，谈何赔偿金，但彼特还是把心一横，在“赔偿协议”上签了字，同意三日内支付赔偿金。

看着员工一个接一个地离自己而去，彼特以为整个公司就只剩下自己一个人了，但当他走出自己的办公室时，却发现还有一个人在安静地工作，他就是麦克蒂罗。

彼特非常感动，他问麦克蒂罗；“你为什么没有向我索取赔偿金呢？

你如果现在要，我会给你双倍的赔偿，而且先支付你。”

“赔偿金吗？”麦克蒂罗笑了笑，“我根本就没有打算离开，凭什么索取赔偿金呢？”

彼特很惊讶地问：“难道你认为我们这家公司还有希望吗？不怕你笑话，我自己都没有信心了。”

“我认为我们公司还大有希望，你是公司的老板，你在公司在；我是公司的员工，公司在，我就该留下来。公司发展好的时候，我来到了公司，如果公司有困难了，我离开，就太不道德了。只要你没有宣布公司关门，我就有义务留下来。我愿意和你一起吃苦，让我来帮助你吧，我可以不要一分钱工资。”麦克蒂罗说。

彼特当时感动得几乎流下泪来：“有你这样的员工，我当然应该振作起来！”

就这样，麦克蒂罗留了下来，并把积攒的五万多元美元全部借给了彼特，他的老板彼特为了偿还银行债务和员工赔偿金，卖掉了仅有的一个加工车间和所有的设备，卖掉了汽车。

后来，两个人过了近半年挤公车、吃盒饭的日子后，公司又开始盈利了。过了一年时间，公司迎来了快速发展期，迅速发展成为一家中型软件企业，资产也由原来的负数变成了五千多万美元。

当公司走上正轨后，彼特把公司的一半股权交给了麦克蒂罗，并让他出任公司总裁。可见，老板是掌握公司发展方向的人，是决定公司存在与否的人，与老板同舟共济的人能够得到老板最大的奖赏。

与企业共命运，需要我们忠诚企业。充分发挥工作的积极性，养成自觉主动工作的习惯，把个人利益统一到企业利益、集体利益上来，以主人翁的姿态，将身心彻底融入到工作中。有一句广告说得好：“思想有多远，我们就能走多远。”我们热爱自己的岗位，尽心尽责，尽自己最大努力去完成每一个工作任务，日积月累，丰富的工作经验和专业知识会为我们更好的创新工作奠定基础。

忠诚是一种职业操守

忠诚是中华民族优良的道德规范。古话说："为人谋而不忠乎？"就是尽心为忠，赤诚无私，诚心尽力，它主要是个人的内在品德；诚者，信也。忠诚就是竭尽全力，言行一致，表里如一地做好事情。忠诚，是职业人应遵循的一种基本准则，是指对组织或个人真实无欺、遵守承诺和契约的品德及行为。这种内在品德及其践履行为，是各种经营活动得以正常进行的重要保证。

忠诚体现的是对工作的一种高度负责的态度，或者说是一种义务。只有把忠诚当成一种义务，你才能做到始终爱岗敬业，才能恪尽职守。忠诚是一种职业的责任感，是一种职业的忠诚，是你承担某种义务或者针对某一职业所表现出的敬业精神。具有忠诚品质的人必定是敢于并且乐于承担工作责任的人，他们始终将事业看作神圣使命，视职业为生命的一部分。

本杰明·富兰克林说过："如果说，生命力使人们前途光明，团体使人们宽容，脚踏实地使人们现实，那么深厚的忠诚感就会使人生正直而富有意义。"是的，忠诚是对事业负责的动力，忠诚的态度是敬业的土壤，在这片土壤上盛开的是世界上最美的花朵。

一个忠诚的人，会使周围的人愿意与之交往。单位需要招聘时，也肯定不愿招进一个不忠诚的人；寻求合作时，也不会有人喜欢与不忠诚的人共事；日常交际更是如此，不忠诚的人无法得到同甘共苦的友谊。总之，一个有着健全人格的人，就应该是忠诚的。

“责任就是荣誉，责任就是胜利！”像对待荣誉和胜利一样对待义务和责任，你一定是一个忠诚的人，最终必定能成为优秀员工。

大学毕业后，姜海涛在一家公司负责企业策划工作，他工作很卖力，付出也很多，因为他想成为一个忠诚于公司的有用人才。

有一天，公司的总经理把姜海涛叫到了自己的办公室，说：“你在公司这两年的工作情况，我了如指掌，你是一位优秀的人才，而且脚踏实地，也对公司十分忠诚。两年来，你的加班时间远远超过了其他员工。”

姜海涛心里很美，作为一名员工，能得到上司如此的关注和赞赏，是一件幸福和值得骄傲的事情。

总经理接着说：“公司考虑到你的工作能力和目前的工作情况，决定晋升你为人力资源部经理，经过我的观察，觉得你更适合这份工作，况且你也完全有能力胜任这项工作。”

姜海涛从心底感激总经理，暗暗下定决心，一定要努力工作，不辜负总经理和企业对自己的信任。他说：“我必须努力，为了公司，也为了总经理。因为我有义务为公司担责任，为公司效力，忠诚于我的公司。”

忠诚是人类最重要的美德。忠诚是无价之宝。那些忠诚于公司、忠诚于老板的员工，都是公司重视、老板重用的员工。相信姜海涛的工作会更加出色，得到的也会更多。

拿破仑有句名言，一个不想当元帅的士兵，绝对不是好士兵。可他也说过，不忠诚于统帅的士兵就没资格去当士兵。

忠诚是一种人格特质，它能给人带来一种自我满足感，让人更加懂得自重，它是时时刻刻伴随着我们的精神力量。忠诚的人无忧无虑，他能很好地控制自己的情绪，不会因为情绪激动而失控。他一直守护着生命的航船，就算航船即将沉没，也会英勇地坚守拼搏到最后。

美国海军陆战队士兵手册中有一段对忠诚的解释十分精彩，它是这样说的："忠诚不谈条件，忠诚不讲回报。忠诚是一种义务，忠诚是一种责任，忠诚是一种操守。忠诚是人生最重要的品质。海军陆战队首先不会给你什么，但你要给海军陆战队绝对的忠诚，如果你给了海军陆战队绝对的忠诚，海军陆战队就会给你终生的荣誉！"

每一位优秀的员工都应该清楚，公司先不会给你什么，但你如果给了公司绝对的忠诚，公司一定会回报你，这回报包括薪水以及荣誉。忠诚与回报，不一定成正比，但一定是同步增长的，忠诚度越高的员工，所创造的价值就越多，所获取的回报肯定也越多。

当今企业所认可、接纳的人才是既有能力又有忠诚度的人，而不是仅仅具备能力或者仅仅拥有学历的人。因此，若想赢得老板的关注，成为他最信任最器重的人，除了要有过硬的专业技能外，还需要有赢得老板信任的人格魅力，而忠诚是最好的选择。

忠于公司不是口号，要热忱地对待工作

成功学大师拿破仑·希尔曾经这样说过："热忱就是成功的源泉。"没有热忱，人生也将是阴暗的、颓废的，当然，更不可能创造出惊人的工作业绩。因此，要表现出对公司或企业的忠诚，就要满腔热忱地对待工作。

在我们周围，总是看到一些员工对待工作应付了事，拈轻怕重，最重要的原因就是没有对工作永葆热忱的态度。任何企业都希望自己的员工对工作充满热情、态度积极、善于动脑。因为只有这样的员工才具有创造力，才能为企业的发展提供动力。

热忱是一种持续的心理状态，能够鼓舞和激励一个人对手中的工作不断地采取行动。热忱的工作态度来自于自信心，不管你的工作怎样平凡，都应当以豁达的心态从中寻找乐趣，更应当付出十二分的热忱，千万不要舍本逐末。唯有用热情点亮你的工作和人生，才能创造属于自己的辉煌。

记得，在一本杂志上看到这样一个小故事：

一群铁路工人在一起上班时，铁路公司的总裁由一群下属陪同到基层视察，总裁满面春风地跟其中一位打招呼："嘿，比尔，你好！"那位名叫比尔的工人跟总裁寒暄了几句。其他工人好奇地问比尔是怎么认识总裁的，比尔说："二十年前，我和总裁一起在这里工作。""那为什么他

现在是总裁而你还是一个铁路工人呢？”工人们七嘴八舌地问，“因为，那时候总裁就是在为铁路事业而工作了，而我只是为一小时五十美分的工资而工作。”比尔回答说。

一个为了一项神圣的事业而工作，一个是为了工资而工作，他们的态度差别太大了，结果差别也很大。可见，一个人热爱自己的工作，对工作充满热忱，积极热情、任劳任怨、尽心尽力地把自己的本职工作做好做完善，就能从工作中体味到幸福感和成就感。

对工作热忱的人来说，工作不再只是工作，不会显得辛苦或单调，而会变得更加有意义，会成为一份成功事业，这就是热忱的力量。

记得有位名人曾经说过：“要想获得这个世界上最大的奖赏，你必须像最伟大的开拓者一样，将所有的梦想转化成为实现梦想而献身的热忱，以此来发展和销售自己的才能。”因此，要想实现自己的梦想，就必须充满热忱。

有人去口腔医院问三个牙医同样的问题，问第一个牙医：“医生，你干什么呢？”这个牙医都没有正眼看你，没好气地对你说：“你看不见么，我拔牙呢？一天天就看这些烂牙！”再问一个医生：“医生，你干什么呢？”他抬头看看你，然后告诉你：“我赚钱呢，现在活忙！”

问最后一个牙医，这个牙医却神采飞扬地说：“我在看病呢，这个病人的牙病就快好了！”这样的人才会享受工作，在平凡的工作中获得希望和喜悦！

可见，工作不热忱的人会厌恶自己的工作，或者是为了生计而工作。他们对工作本身并没有融入太多的情感和信念，因而也体会不到温暖和快乐，他们的生命也在周而复始的工作中慢慢消磨。而工作热忱的人才能在自己的职业生涯中一直保持着负责的态度。不管在哪家公司，他们都能冷静地善待自己的工作，把职场中的每段时光都作为自己毕生事业的一部分。

法国著名作家拉·封丹说过：“无论做任何事情，都应遵循的原则是：

追求高层次。你是第一流的，你应该有第一流的选择，在工作中加入‘热忱’二字。”伟大人物对使命的热忱，可以谱写历史，甚至可以推动历史的进程。

拿破仑·波拿巴，法兰西第一帝国的创造者，曾在新兴资产阶级几十万法郎的资助下，仅仅用了一个月的时间就做好了推翻波旁王朝督政府的准备工作。1799 年 11 月 9 日，他成功地发动了“雾月政变”，夺取了法国政权。拿破仑之所以能成为法兰西第一帝国的创造者，一个重要的原因，就是他对自身所肩负的“重要使命”怀有满腔的热忱。

我们要永葆一颗热忱的心，世界从来就有美丽和兴奋的存在，人生从来就有希望和幸福的存在，不要因为错失了树木就放弃了整片森林。拥有热忱，可以让我们全身心地投入到工作中，才能保证落实好工作。

最佳的工作效率来自于高涨的工作热忱，因为兴致勃勃会让人更好地发挥想象力和创造力，在短时间里取得惊人的成绩。因此，要想把工作完成得出色、漂亮，要想体现自己对公司和老板的忠诚之心，你就必须对工作充满热忱。因为热忱会使你充满活力，让你把工作干得有声有色。只有这样，才能真正保证将工作落实好，才能真正成为忠诚的员工。

责任源于忠诚

马云说:“在未来，人们不仅仅关注力量和力气，他们更注重于智慧、善良、责任。”的确，相对于力量和勇气，责任显得更加重要。

每个人都不想碌碌无为、平平凡凡地度过一生，都想在自己的人生道路上成就辉煌、留下闪光点，回首自己所走过的路不至留有遗憾。那么，如何在你所选择的企业或你所从事的事业当中出类拔萃、实现自己的人生价值呢？这就需要我们具备敬业精神，对企业忠诚。

忠诚的最高境界是责任，忠诚本身是一种责任，而责任能够造就忠诚，责任是对忠诚的注释，忠诚是对责任的坚守，每个人都是为某种事业而诞生的，都有事业上和生活中应尽的职责。我们不能为工作而工作，要让敬业成为一种习惯，将热情注入工作，释放自己的潜能，才能获得更好的事业与生活！

有很多人都看过阿尔伯特·哈伯德写的《把信送给加西亚》，书中写了这样一个故事：在十九世纪美西战争中，美方有一封具有战略意义的书信，急需送到古巴盟军将领加西亚的手中，可是加西亚正在丛林作战，没人知道他在什么地方。挺身而出的一名年轻中尉——安德鲁·罗文，没有任何推诿，不讲任何条件，历尽艰险，徒步三周，走过危机四伏的国家，以其绝对的忠诚、责任感和创造奇迹的主动性完成了这件不可能的任务，把信交给了加西亚。可以说，现在的每一个企业都需要这种能

“把信送给加西亚”的负责的人。

一般来讲，责任是指对任务的一种负责和承担，是我们需要关心的事物的一种反应。而忠诚本身就是一种责任，它往往能造就忠诚，它们是一对孪生姐妹。忠诚是对责任的坚守，也是对使命的坚决承担。一个没有责任感的人，我们很难相信他能做到忠诚。一个企业忠诚的员工，就应该把自己和企业融为一体，与企业同呼吸，共命运。

现在有很多人有这样的想法：与企业是双向选择，来去自由，老板可以炒员工鱿鱼，员工也可以炒老板的鱿鱼，稍有不顺心的事，就想跳槽，一直在三心二意之中。总是在想，机会多多，何必在乎这一个单位？此处不留人，自有留人处。但静下心来想一想，既然选择了，就应该好好地为企业做事，要是自己的能力强，赶快换个地方，抱着混日子的想法是不应该的，我想混日子的结局只有一个——被企业所淘汰。

在这个社会，一个人能否成功，除了与个人的能力有关外，还与是否具有优良的道德品质有很大关系。一个具有优良道德品质的人，往往会获得他人的青睐和帮助，成功的概率就会增大。

自古以来，我国一直把忠诚作为一种美德。无论是做人，还是做事，我们都被教育要忠诚。无论做人还是做事，只要忠诚，就能获得别人的认可和尊重。忠诚铸就信赖，而信赖造就成功。

杜飞是一家网络公司技术总监，由于公司改变了发展重心，他觉得这家公司不再适合自己，决定换一份工作。当然，凭杜飞的资历和在 IT 业的影响，找份工作并不是件困难的事情。

最终，杜飞决定到一家大型的企业去应聘技术总监，这家企业在全国乃至世界都有相当的影响，很多工业界人士都希望能到这家公司工作。对杜飞进行面试的是该企业的人力资源部主管和负责技术方面工作的副总裁。

杜飞的工作能力是没问题的，但他们提到了一个使杜飞很为难的问题。公司的副总裁说：“我们很欢迎你到我们公司来工作，你的能力和资历都非常不错。我听说你以前所在公司正在着手开发一个新的适用于大型企业的财务应用软件。据说你提了很多非常有价值的建议。我们公司也在策划这方面的工作，能否透露一些你原来公司的情况。你知道这对我们很重要，请原谅我说得这么直白。”

“我要让你们失望了，因为我做事情从不违背‘忠诚’这一原则。虽然我对贵公司非常满意，但对我而言，恪守忠诚对我更重要。”杜飞说完就走了。

为了遵守“忠诚”这一原则，杜飞失去了一个好的工作机会，但他并没有因此而觉得可惜，他为自己所做的一切感到坦然。

然而，没过几天，杜飞收到了来自这家公司的一封信，信上写着：“你被录用了，不仅仅因为你的专业能力，还有你的忠诚。”原来，这家公司在选择人才的时候，一直很看重一个人是否忠诚。他们相信，一个能对自己原来公司忠诚的人也可以对自己的公司忠诚。

可见，一个人的忠诚不仅不会让他失去机会，相反会让他赢得机会。除此之外，他还能赢得别人对他的尊重和敬佩。

对于一名员工来讲，责任就是对自己所负使命的忠诚和信守，责任就是对自己工作出色地完成，责任就是忘我的坚守，责任保证一切。一个员工对企业负责任，对自己负责任，就是对企业和老板的忠诚。

忠诚负责的员工是企业的核心竞争力，责任与忠诚是干好工作的起点，一种职业的责任感和对事业的忠诚一旦养成，就会让你成为一个值得别人信赖的、可以被委以重任的人。

总之，责任感源于忠诚。没有忠诚，责任感就无从说起，没有责任感，你就会在引诱面前把握不住自己。这样，你的成功就会遥遥无期。所以，背叛“忠诚”的最大受害者将是背叛者自己。

第十章

人生不会太圆满，
再难也不要忘记微笑

当我们拿花送给别人的时候，首先闻到花香的是我们自己；当我们抓起泥巴想抛向别人的时候，首先弄脏的是自己的手。从现在开始，我们要微笑着面对生活，不要抱怨生活给了我们太多的磨难，不要抱怨生活中有太多的曲折，不要抱怨生活中存在不公。当我们走过世间的繁华与喧嚣，阅尽世事，就会幡然明白：人生不会太圆满，再苦再难也不要忘记微微一笑！

人生不会太圆满，再难也不要忘记微笑

微笑具有神奇的魔力，它能够化解人与人之间的坚冰；微笑也是身心健康和家庭幸福的标志。没有什么东西能比一个阳光灿烂的微笑更能打动人的了。

无论你在什么地方，无论你在做什么，在人与人之间，一个简单的微笑是一种最为普及的语言，她能够消除人与人之间的隔阂。人与人之间的最短距离是一个可以分享的微笑，即使是你一个人微笑，也可以使你和自己的心灵进行交流和抚慰。

常常听身边的人抱怨活得很累，过得很不快乐。其实，人只要生活在这个世界上，就会有很多烦恼，就会经受很多苦难。痛苦或是快乐，取决于你的内心。你不是战胜痛苦的强者，便是向痛苦屈服的弱者。再不顺的生活，微笑着撑过去了，就是不小的胜利。

生活的四季不可能只有春天，每个人的一生都注定要经历沟沟坎坎，品尝苦涩与无奈，经历挫折和失意。只要心中的信念没有萎缩，你的人生旅途就不会中断。

一旦你学会了阳光灿烂的微笑，你就会发现，你的生活从此就会变得更加轻松，而人们也喜欢享受你那阳光灿烂的微笑。

人不可能十全十美，不可能让每个人都对自己满意，与其执着于别人的认可，不如用微笑去面对每一个中伤你的人。

再苦也要笑一笑，这是一种勇气，更是一种改变命运的力量。生命是一次次蜕变的过程，唯有经历各种各样的磨难，才能增加生命的厚度。很多时候，我们微笑，并不代表所有的人都会对我们报以微笑，也会有些人在微笑的背后藏着嘲讽。遇见那些对我们抱有敌意的人，我们不必耿耿于怀，甚至睚眦相报。要知道，对中伤你的人微笑，是对他最大的惩罚，也是对你最大的奖励。

笑对人生，是最正确的人生态度。拿破仑得到了世界上绝大多数人都渴望拥有的荣誉、权力和金钱，辉煌一时，但他却说："我这一生从来没有过一天幸福的日子。"海伦·凯勒失聪又失明，可她却说："生活多么美好。"人生快乐与否，完全取决于个人的心态。

一位哲人说过："一个健全的心态，比一百种智慧更有力量。"一个人，即使他一无所有，只要他有希望，他就可以拥有一切；而一个人即使拥有一切，却没有希望，那就可能丧失他已经拥有的一切。再难也不要忘记微笑，笑对人生是一种境界，更是一种应对暴风雨的法宝。

当我们拿花送给别人的时候，首先闻到花香的是我们自己；当我们抓起泥巴想抛向别人的时候，首先弄脏的是自己的手。所以，从现在开始，我们要微笑着面对生活，不要抱怨生活给了我们太多的磨难，不要抱怨生活中有太多的曲折，不要抱怨生活中存在不公。当我们走过世间的繁华与喧嚣，阅尽世事，就会幡然明白：人生不会太圆满，再苦再难也不要忘记微微一笑！

正视苦难，走向成熟

俗话说："失败乃成功之母。"当你经受住苦难的考验后，你就可能会与成功成为朋友。坦然地看待苦难，苦难是一笔财富，它可以锤炼人的意志，使人获得生活的真谛。当然，我们在面对苦难的时候要忍耐，要有希望，只有保持这样一种心态，才会走向人生的辉煌。

我们生活在这个充满竞争和压力的社会中，每天都有很多很多的难事在为难着我们，这时我们应该怎么来看待这些苦难？如果我们每天在不停地抱怨，心情会越来越差，而抱怨并不能帮助我们走出困境，只会让情况越来越糟。那么这时什么对我们来说是最重要的呢？我想就是一个反面的思考，正视苦难，把苦难看作是一种赐予，用积极的心态来发掘出它不菲的价值。

古代，有一位少年非常喜欢捕鱼，但每次忙活大半天，最后都只能捕到一些小鱼。他经常看到集市上的一位中年人去卖大鱼，便好奇地问："你这些大鱼是从哪里抓来的？"中年人说："当然是从河里得来的！"

少年继续说："我也是经常在河里捕鱼，却只能得到一些小的。我半天钓的鱼加起来还没有你的一条鱼重，这是为什么呢？"中年人是个直肠子，很自豪地说："那是，我有门道！不是每个人都想弄到大鱼就能够弄到大鱼的！"

少年很兴奋地说："那你教教我吧！我很喜欢捕鱼，想感受一下捕到大鱼的感觉。”

中年人想了想，说：“等集市散了，我带你去河边教教你。”

少年人高兴得一蹦三尺高。

集市散后，中年人收拾好自己的鱼篓，带着少年来到河边。

“你一般都在哪里捕鱼？”中年人问。

少年指一指河面比较平静的那一段，说：“那里，水流比较缓，鱼肯定比较多！”

中年人哈哈大笑，说：“你知不知道我在哪里捕鱼？”少年摇摇头。中年人指一指这条河最湍急的那一段，说：“我就在那里！”

少年忽然大声说：“不能吧，那里水流那么急，怎么会有鱼？那些鱼肯定会选择水流比较缓和的地方栖息，水流急了，它们肯定会觉得非常痛苦的！”

中年人笑道：“你不是鱼，怎么会知道鱼是怎么想的？在这条河里，只有小鱼才会乖乖地待在水流相对平静的地方，那里氧气虽然微薄，但是足够它们呼吸了。而大鱼因为需要足够的氧气，只能到水流急促的地方。风浪大当然是一种苦难，但却能够从中轻易地分辨出哪里会有大鱼，哪里只有小鱼。”

少年人听到这里，若有所思。

中年人继续说：“所以，水流平静的河流是不会有大鱼的，只有风大浪急的河流，才能够出大鱼。这就像一个人不经历苦难，永远成不了气候，只有经历一定的挫折和失败，才能够真正取得成功。所以每个人需要做的，就是正视苦难。”

漫漫人生路，再成功的人也要经历困难的磨炼，也许，你需要经受夏日炙热的照射，才能迎来丰收的秋季；也许，你需要经受冬季刺骨寒风的冲刷，才能迎来春暖花开；也许，你需要经受大漠荒凉干涸的忍受，才能迎来绵绵细雨的滋润。

在生命的成长过程里，要经受多少风雨和磨炼，它才会成熟；要经受多少考验，它才会坚强。苦难对于每个人来说都是一场考验，只有经受住苦难的考验，才能铸就非凡人生。李嘉诚说过：“苦难的生活，是我人生的最好锻炼。”因为正视了苦难对自己的作用，所以，他获得了巨大的成功。

苦难，原来并不可怕，可怕的是没有战胜苦难的勇气，可怕的是我们不能正视苦难。只有苦难，才能证明你的能力；只有苦难，才会使你获得资本。正视苦难，也就正视自己的人生。苦难是最好的老师，它会让你逐渐由幼稚走向成熟，在不断的拼搏中获得成功。如果用积极的心态去面对苦难，苦难将是一笔不菲的财富。

抓住机遇，在困境中谋求发展

生活中，每个人都不可避免地要遭遇困境。但困境并不等于绝境，重要的是你面对困境要有足够的勇气和信心。要勇敢地接受严酷现实的挑战，在困境中找到出路。从另一个角度看，困境是一种机遇，抓住机遇，就是成功的开始。

一个小男孩出生在干部家庭，父母都是公务员，但是他并没有按照父母所期望的那样上一个好大学，然后找一份体面的工作。他迷恋上了唱歌，并且歌确实唱得不赖。他开始课余时间在酒吧卖唱，结果还挣到了不少钱。

1994 年，小男孩来到北京。那时候他怀揣着梦想，来到一个酒吧当驻唱歌手。为了省钱，他租住在郊区，每天都要骑着破旧的自行车，花费两个多钟头的时间来到自己打工的酒吧。北京的冬天很冷，冰冷刺骨的寒风灌进他的脖子里，寒风还透过手套让他握着自行车车把的手冻得麻木，他都忍了下来。

他心中有一团叫作梦想的火在燃烧，有了这团火，即使北京的冬天再冷，他依旧不会感到这个世界的冰凉。即便现实再残酷，他都相信，只要自己坚持下去，梦想迟早能够实现。

他觉得自己唱歌还不错，他想当歌星。他在酒吧驻唱的时候，也认识了不少人，这些人一个个地相继走红中国，而自己却还是一个在酒吧卖唱的小歌手。他虽然心里不平衡，但依旧坚持着，没有任何抱怨。

直到 2000 年的时候，他一位不错的朋友跟他说：“你都唱了六年了，还没有什么起色。我这边认识一些拍戏的人，你走走演艺路线吧。”

他接受了朋友的建议。通过这个朋友的推荐，他参加了一些电影的演出。但是，角色非常小，演的都是路人甲士兵乙之类。片酬只有几十块钱，这让他根本无法维持在北京的生活。他在最困苦的时候，连房租都交不起，只好去睡桥洞。他的坚持似乎并没有得到回报，他的演艺“事业”依旧停留在那些小角色上面，没有半点起色。

他的一些朋友都看不过眼了，关切地说：“演艺圈是年轻人的天下，你岁数也差不多了，该回家正经谋个差事做了。”

听了朋友的话，回想自己在北京这几年的经历，他心动了，但随即对朋友说：“虽然我走演艺这条路几乎没有什么成绩，但是，在这个过程中我积累了一些人脉关系，也学到了不少经验教训。如果我干别的，一切还得从零开始。”

其实他的心里总是在铆着一股劲。他经历了这么多的困苦，不甘心一点成绩都没有就灰溜溜地回家。他始终相信，只要能够坚持，总会有成功的那一天。

2006 年，他凭借《疯狂的石头》里的黑皮一角，被广大观众所熟知和喜爱。从此，他的演艺事业终于被打开一条路。但困苦并没有就此消止，虽然他的片约增加了一些，但是毕竟跟一线明星还是有一些差距，拍戏是非常辛苦的，但为了能成为一个优秀的演员，这些苦算不了什么。

吃得苦中苦，方为人上人。他凭借一部名叫《斗牛》的电影，成为台湾第 46 届金马奖的影帝。从小角色到小配角到影帝，他走过了太多曲折的路，但在困境中谋求发展，最终他成为中国一线明星。这个男孩就是黄渤，从此，他的演艺之路一片坦途。

逆境对人的成长的确有诸多不利因素，然而如培根所说，“奇迹多是在厄运中出现的。”女画家梁丹丰，豁达地走过人生的风风雨雨，面对困境，反而使她更坚强。她说："不要为逆境所败。"在逆境里，只有一个选择，那就是往上爬，人往往在逆境中更能把自己的潜力发挥到极致，就像黄渤。只要坚持，就能在困境中走出一片自己的天地。

每个人都不愿意遭受挫折、失败，但它们常常还是不期而至，让人避之不及。要知道，困境是把双刃剑，它可以是绊脚石，让你摔倒之后一蹶不振，更可以是一块跳板，让你短暂地陷入低谷后跳得更高更远。

人的一生不可能一帆风顺，注定坎坎坷坷，充满荆棘。如果每个人都能调整好心态，把困境看成是一种阅历，一种财富，在困境到来之后，不沮丧恐慌，不怨天尤人，不乱阵脚，就能走出低谷，实现梦想，取得成功。

学会感谢你的敌人

一个生意人要将一船带鱼运到另一个国家，尽管在有水的舱里，但仍有不少的带鱼死去。有人出点子让他往舱里放几条吃带鱼的黄鱼，舱里的带鱼顿时活跃起来。为了躲避敌人的扑食，那些原先昏昏欲睡的带鱼只得不停地游动，一条条变得十分机警和灵活。生意人终于成功地将大批活鱼运抵了目的地。

这个故事都告诉我们一个道理：没有天敌的动物往往最先灭绝的，有天敌的动物才有生机。大自然中的这一现象，在人类中也同样存在。

人人都喜欢朋友，人人都不愿树敌，但人人都无法回避敌人的存在。但是，敌人对你不择手段，使你在与他的拼搏中，活出了自身精神，活出了出类拔萃。敌人促使你自强，迫使你努力，使你更坚强，带走了你的寂寞与空虚，给了你充实与奋斗的人生。

“做人难，做女人更难，做名女人更是难上加难。”这是六届金鸡百花影后刘晓庆的一句名言。刘晓庆经历了人生的大起大落，这些经历，让她对人生的看法更透彻。她现在是这么说的：“我的人生是一个传奇，所以我会多谢害过我、伤过我的人，没有他们给我的磨炼，我根本不会有今天的笑容，是他们让我更懂得珍惜人生的，现在是我最快乐的时光。”

与人争斗，忘记对手甚至仇恨对手是容易的，但要感谢对手，甚至把对方引为知己，却要遭遇人性上的艰苦考验。只有真正的智者，才能做到感谢对手。

康熙大帝在继位执政六十周年之际，特举行“千叟宴”以示庆贺。在宴会上，康熙敬了三杯酒。第一杯敬太皇太后孝庄，感谢孝庄辅佐他登上皇位，一统江山；第二杯敬众大臣和天下万民，感谢众臣齐心协力尽忠朝廷，万民俯首农桑，天下昌盛。当康熙端起第三杯酒时，却说：“这杯酒朕要敬给朕的死敌们，鳌拜、吴三桂、郑经、噶尔丹，他们都是英雄豪杰啊！是他们造就了朕，是他们逼着朕立下了这丰功伟业！朕感谢他们！愿他们来生再与朕为敌吧！”

感激伤害你的人，因为他磨炼了你的心志；感激欺骗你的人，因为他增长了你的智慧；感激中伤你的人，因为他砥砺了你的人格；感激鞭打你的人，因为他激发了你的斗志；感激遗弃你的人，因为他教导了你该独立；感激绊倒你的人，因为他强化了你的双腿；感激斥责你的人，因为他提醒了你的缺点……感激所有使你坚强的人！

在这个竞争日趋激烈的社会，早已没有了风平浪静的水域，也没有草丰水美的原野。要想成就一番事业，活得无怨无悔，就一定要有敌人。没有敌人的生命是寂寞的，缺乏敌手的生活也一定没有太多的乐趣。

在我们的日常生活和工作中，处处都有敌手，这未尝不是一件好事。换个角度来看，拥有一个强劲的对手，反倒是一种福分，一种造化，因为你的进步和成熟是在与对手的较量中逐步积累的。正是他们让你认识到生存的艰难与残酷，让你在逆境中摔打而学会生存。不要埋怨那些令你跑得很累的人，恰恰是他，才能使你跑得更快！

学会感谢敌人，才能更深层地感受生活的意义，感知生命的轻松和快乐。所以，我们说，做人要学会感谢，感谢你的朋友，也要感谢你的敌人和对手。

幸福，来自你对生活的态度

加拿大作家金克莱·伍德说：“幸福并非来自生命的过程，而是来自你对生活的态度。”的确，每个人的生活都不是一帆风顺的，我们必须以积极乐观的态度去生活，一个人假使失去了憧憬未来的渴望，而一味活在自怨自艾的嗟叹中，生命自然就会像是一堆无法再燃烧的灰烬。

别再把抱怨挂在嘴上，你有权选择困苦日子，也大可选择开心生活，如果你的生命韧性都还没开始发挥，就被风雨吹得直不起腰，你还能要求享有什么样的生活？

现在，我们遇到最多的困难就是来源于生活，比如生活压力大的人经常说活得真累，遇到不顺心事多的人经常说活着真烦，而对生活厌倦的人说活着真没意思。其实，我们很多的烦恼、失望、忧伤等等都是我们自找的，每个人都知道快乐是一天，而烦恼也是一天的道理，但是很多人却偏偏选择烦恼。

幸福与心态的积极与否有着密切的关系，如果一个人获得这种幸福，那么就能得到这种幸福。而消极的人不仅不会吸引幸福，相反还排斥幸福，即使幸福悄然降临到你身边，也会毫无察觉失之交臂。

罗伯特·洛西斯教授曾在哈佛大学做了一个有趣的实验，实验对象包括三组学生和三组白鼠。

他告诉第一组的学生：“你们非常幸运，你们将训练一组聪明的白鼠，这些白鼠之前已经过一连串智力训练，都非常聪明。”接着，他告诉第二组学生：“你们的白鼠只是一般的白鼠，不很聪明，但也不会太笨。它们最终将走出迷宫，但是不能对它们有过高的期望。”最后，他告诉第三组学生说：“你们分配到的这些白鼠确实很笨，就算它们走到了迷宫的终点也属偶然。”

后来，学生们在严格的控制条件下，进行了为期六周的实验，白鼠的成绩也和预期的一样，第一组最好，第二组中等，第三组最差。

让人不可思议的是，这三组白鼠实际上都是从一般白鼠中随机取样和分组的，在智力上并无显著差异。那么，为什么会产生不同的实验结果呢？

答案是：三组学生有了不同的偏见，对三组白鼠有了不同的态度，而导致不同的实验结果。

态度是世界上最神奇的力量，它栖息于思想深处，左右着我们的思维和判断，控制着我们的情感与行动。一个人的生活状态、人生方向完全受控于其生存态度的牵引。

用什么样的态度对待生活，就有什么样的生活现实。积极的态度可以使我们到达人生的顶峰，尽享成功的快乐和美好，消极的态度会使我们一生陷于困难与不幸之中。

一位伟人曾说过：“你的心态就是你真正的主人。”你的态度如何，在一定程度上已决定你是否幸福。很多人把幸福的钥匙放在别人身上，这是不对的，用别人的错误来惩罚自己是愚蠢的，我们应该做自己的主人，自己掌管自己的幸福。

早受挫，早受益，挫折让成功更接近

梁启超说过：“患难困苦，是磨炼人格之最高学校。”邹韬奋也说：“我认为挫折磨难是锻炼意志增加能力的好机会。”早接受磨炼，在磨炼中成长，就会让自己在磨炼中更加坚强。

这种“早受挫折早受益”的思想，早已在很多国家的教育中运用得非常广泛。像欧美的一些国家，他们很早的时候就让孩子独立完成很多事情。当孩子遇到一件不太容易做到的事的时候，这些父母往往会选择让孩子们再试一下，还不行的话那就试第三次、第四次……直到他们成功。这样，在无形中就增强了孩子的韧性和自信心，以至于即使长大后遇到再大的挫折，也不会轻易消沉，性格坚韧，自立自强。

某商场，一位母亲领着自己五岁的儿子购物。突然，在人流熙攘的商场里传出一声尖厉的哭声。听见的人都循声分辨——是孩子的哭声。这是一个小男孩儿，他摔倒了。奇怪的是，孩子哇哇地哭，而站在他身边的妈妈却一点也不着急，她对他说：“好孩子，不哭，站起来！”

按理说，这么小的孩子摔倒了，妈妈会立即把他扶起来，但是这位母亲很特殊。孩子仍旧在哭，但就是不起来。这时候妈妈仍旧没有伸手去扶，只是说：“别哭了！快站起来！”

有位老太太看不过眼了，想过去把孩子扶起来，还对孩子妈妈说：“哎呀，你跟一个孩子较什么劲儿啊？”但是妈妈拉住了这位老人，说道：

“谢谢您的好意，真的不用，他自己能站起来的。”紧接着这位母亲继续跟孩子说：“快，摔倒了就站起来，哭有什么用？”

最后孩子终于揩一揩眼泪，自己站了起来。这时候妈妈才对孩子露出微笑，说道：“你是好样儿的！以后跌倒了也是一样，要自己站起来，知道吗？”接着她转身对那位好心的老太太说道：“如果我去扶他，那么以后他即使能自己站起来，也还是会哭着等我去扶。”

小时候跌倒，可能最多把膝盖擦破一点皮，但是长大了跌倒，可能擦破的就是自己脆弱的心。所以，这位孩子的母亲从小就培养孩子遇到挫折保持坚韧的一种精神品格，值得我们学习。

人生是由一个又一个的意外构成的，而应对这些意外的方式完全取决于我们自己，并将最终决定我们的一生。在挫折面前，大多数人都会停下脚步，因为挫折来临的第一个信号就足以让他们失去勇气；而另一些人则能够下定决心，去开辟一条新路径。

早受挫就能早受益，因为抗击挫折的能力不是一朝一夕就能够拥有的，需要一点点地去锻炼出来。有句谚语说：“小孩是经过跌倒再跌倒，才逐渐长大的。”所以，困苦并不可怕，可怕的是一个人害怕困苦。挫折虽然会给人造成麻烦，让人坠入烦恼之中，但也会让一个人更容易进入蜕变时期，更快地接近成功的目的地。

巴尔扎克说：“挫折就像一块石头。它对于弱者，像一块绊脚石，让人却步不前；它对于强者，却像是一块垫脚石，让人站得更高，看得更远。”的确，人生就是因为有了挫折而精彩，人就是因为战胜了挫折而成功。成功者之前必定是直面挫折，而失败者之前必定是逃避挫折。

早受挫，早受益，挫折让成功更接近。只要我们正视挫折，坚强地面对自己所遇到的一切苦难，就会离成功越来越近。

伤害是一块试金石

人们都不喜欢被伤害，但这并不能阻止伤害来到人们身边。我们不能害怕伤害，而应该在伤害中成长。在伤害到来的时候，我们要选择宽容的态度，因为伤害是一块试金石。

在寒冷的北美洲北部生活着一种动物——驯鹿，即便是生活在自然条件很恶劣的环北极地区，它们照样过得很开心。

它们有着高大的身体和坚实的蹄子，无论是雄鹿还是雌鹿都有着大而漂亮的角。它们成群地活动，集体迁徙，过着群居的生活。在遇到天敌袭击的时候聚成一团，从而保证自己的安全。

与它们一起生活的天敌之一是狼。狼虽然凶残，但相对于驯鹿这种无论身高还是体长都能够达到一米二的动物来说，体形就显得小了。想要猎杀这些驯鹿是非常难的。驯鹿可以很容易地抬起自己的蹄子，一蹄踢下去，狼就会被踢伤，甚至会被踢死。

面对这种情况，狼有一套自己的捕猎方法。当驯鹿群正在悠闲地吃东西的时候，狼群会毫无征兆地向鹿群发出攻击。在攻击的过程中，会有一只狼从狼群里蹿出来，突然朝着其中一只驯鹿猛扑过去，用尖利的爪子冷不防地抓住这只驯鹿的腿。

驯鹿的腿被抓破后，那只狼则满意地放开它的爪子，赶紧撤退。因为害怕会被驯鹿飞踢中。于是狼群开始撤退，而驯鹿们的呼吸也渐渐平和下来。

等到第二天，狼群还是会突然向驯鹿群发起攻击。有一只狼故伎重演，从狼群里冲出来，开始“专门”袭击昨天大腿被抓伤的那只驯鹿。偷袭成功后，又满意地回到狼群，然后集体撤退。

如此三番五次，每次狼群发起攻击，都会有一只狼突然蹿出来攻击那只受伤的驯鹿。今天的旧伤还没有好，明天又被攻击，这样时间一长，这只驯鹿就开始害怕了，渐渐地失去了斗志，越来越萎靡。

在这种状态下，狼群最终集体攻上去，把这只驯鹿成功地猎捕到手。

狼群用这种方法猎捕驯鹿，且屡试不爽。之所以如此，狼群只是起了一个侧面作用，而能不能成功猎捕到驯鹿，关键还是在那只驯鹿自己。如果一味地害怕伤害，那么，它只要被狼群盯上，结局也就注定了。

伤害是每个人都会经历的，人与人的不同不是会不会遇到伤害，而是遇到伤害之后各自会采取什么样的态度去面对。伤害是生活的一部分，就像幸福也是生活带给我们的礼物一样。我们不能厚此薄彼，要平等对待。

许多幸福都是在伤害之后才会有的，我们不要把伤害看成苦难，否则在这种极端的观念中，你会发现自己的人生是一片苦海。

我们不用畏惧伤害，因为只要自己能够坚持，我们就能从伤害中学到很多东西，从而在今后的奋斗路途上避免一些挫折，更好地走向成功。伤害可以让一个人觉醒，让一个人奋发图强。毫无疑问，伤害是一块试金石，我们不能害怕伤害，要勇往直前。

把对手变成朋友，感谢考验你的人

曾看到这样一个寓言故事：

野狼和狮子在寻找食物，它们同时发现了羚羊，商量好一起追捕那只羚羊。本来，它们合作得很好，野狼把羚羊扑倒，狮子便上前一口把羚羊咬死了。但这时狮子起了贪心，不想和野狼平分这份猎物，于是想把野狼也咬死，变成自己的食物。但野狼拼命抵抗，后来虽然被狮子咬死了，但狮子也深受重伤，无法享受美味。

试想，如果狮子不贪心，能与野狼共同分享那只羚羊，岂不皆大欢喜？可惜狮子不懂这个道理，落了个深受重伤的下场。

我们常说，人生如战场，但人生到底不是战场，为什么非得争个鱼死网破、两败俱伤呢？如果能把对手变成朋友，岂不皆大欢喜？所以，只有把对手当成朋友，你才能摆脱负面情绪的困扰，不再因他的存在而让自己备受折磨；把对手当成朋友，你才能看到他身上的闪光点，从他身上广泛地吸收养料精华；把对手当成朋友，你才能以一种健康的心态，面对你们之间的微妙竞争关系。

王杰和范姜同在一个竞争激烈的跨国公司工作，每个人都顶着巨大的压力工作，尤其是两个实力相当的人在同一个部门工作竞争，难免产生“一山不容二虎”的想法。

王杰不是没有感受到范姜对他的敌视态度，只是他总是假装不知道而已。不得不说，范姜是一个十分有才气的人，他的方案也常常让王杰刮目相看，为了能与范姜相抗衡，王杰也常常是寝食难安。其实，范姜的存在同样也会让王杰感到不舒服，如果没有他的存在，王杰的压力也不会像现在这样大。王杰也不喜欢张狂的范姜，但聪明的王杰更知道，范姜的存在让他有了更多的成长空间。于是，王杰对待范姜的态度，多了一些朋友之间的宽容。

王杰对于范姜的优点如数家珍，范姜却常常对别人酸溜溜地陈述王杰的缺点。在这一点上，范姜就显示出了更多的小家子气，他封闭了自己前进的可能，而王杰不但没有整日像范姜一样心情沉郁，反而不断进步。

眼看着王杰的成绩越来越好，范姜整日生活得惴惴不安，最后，他觉得自己实在无法胜任这个工作，递交了辞呈。

毫无疑问，生活处处有竞争，那么对竞争中的对手你该怎样看待他们呢？对于你的对手，切不可嘲笑、贬低，更不可诅咒。因为所有的敌人都可能是你的对手，但对手不一定就是你的敌人。他们有可能是你的动力、朋友乃至知音。

2008 年 11 月 4 日，美国共和党总统候选人麦凯恩在其家乡亚利桑那州菲尼克斯市承认自己在本次选举中失败，并向在选举中获胜的民主党总统候选人奥巴马表示祝贺，他呼吁全体美国人一起支持奥巴马。

当地时间晚 9 时 18 分，麦凯恩在妻子及其竞选伙伴佩林夫妇的陪同下来到菲尼克斯市比尔特莫尔饭店的一个大草坪上，对聚集在那里的支持者发表讲话。

麦凯恩说，美国人民做出了选择，奥巴马当选是件“了不起的事情”，这不仅是奥巴马个人取得的胜利，也是美国人民取得的胜利。他呼吁全体美国人抛弃政见分歧，共同支持在选举中获胜的奥巴马。

竞选的失败，对于麦凯恩来说，悲痛是不言而喻的。但在现实面前，他保持了高度的理智，对于奥巴马的成绩表现出超然的风度。

敌人、仇人和对手，都可以激发你的潜能，成为你的贵人。许多仇、怨、不平，问题可能出在你自己身上。这世间最值得推崇的做法，就是运用那股不平之气，使自己迈向成功，以成功和成功后的胸怀，对待当年的敌人。

没有永远的朋友，当然也不存在永远的敌人，敌人和朋友之间的关系常常是相互转化的，如果某个敌对的人让你无法逃避却又头痛不已，那么，就试着把他当朋友吧，在某种程度上和谐相处，反而会让你与周围人的关系轻松不少，也会让你们之间的竞争充满向上的意义。

感谢你的对手，他让你的理想之湖激荡出壮美的浪花，他使你和缓的心灵奏鸣出激扬的旋律，他为你平淡的人生点缀了缤纷的色彩。

第十一章

做个狠角色，把每一天当作“末日”来过

人生不过短短的几十年，似水一样流淌，不可遏阻。我们要用把每一天当作“末日”来过的精神，认真过好每一天。毕竟，生活并不是那么矫情，容不得我们任性！你最想干什么，就去干什么，这样才能距离你的梦想越来越近。

没拼过的青春，不值一过

人生不是铺满玫瑰花的坦途，遇到磨难坎坷是在所难免的。是成为笑傲天穹的精灵，还是陆地上平庸的小丑，一切的一切都由自己决定。

马云说：“你整天玩着手机，挂着 QQ，玩着游戏，你不去努力拼搏，你拿青春干什么？”很多人都不知道青春能做什么，其实，青春不是用来消遣和浪费的，是用来奋斗的。

世界上美丽的东西千千万万，却没有一样比年轻更为美丽；世界上珍贵的东西数也数不清，却没有一样比青春更为宝贵。我们若只是挥霍光阴，只是享受，不去奋斗拼搏，那我们真的算拥有青春吗？既然我们渴望拥有美丽而健康的未来，就应该马不停蹄地向前奔跑。

青春孕育着无穷的能量等待着我们去挖掘，去释放。对于每个人来说，青春都是奇妙而短暂的，它是人生的一处驿站。它虽像一颗流星转瞬即逝，但我们却要努力让它成为一次辉煌的闪现，要不畏艰险，敢于拼搏。

有人说青春是一本密密麻麻的泛黄日记，还有人说青春是一路歪歪斜斜的脚印，我认为青春应该是一行疯疯癫癫的快乐文字。阳光总在风雨后，最美的风景总是在险峰上。只要你敢攀登，就能见到它，就能有一个无悔的青春。

跪着也要把梦想的路走完，死扛下去才有机会。青春的我们之所以如此努力，无非是想在年华老去之后笑着离开这个世界。要知道，没拼过的青春，不值一过，青春就要绽放出耀眼的光芒。

不得不说，青春是不完美的，有的人选择低下头任其自流，有的人选择抬起头不懈奋斗。环境再怎么美好，也会有人滥竽充数；环境再怎么糟糕，也会有人脱颖而出。至于是哪种结果，全靠我们自己的努力。所以在这个什么都拼的年代，如果拼不了爹，我们还能拼什么？答案就是拼自己。

在奋斗的路上，每个人都曾头破血流，都曾挫败彷徨，这都不足为惧。因为青春就是，我们虽然在不同的地方，走着不同的道路，却有着相同的孤独与迷茫、快乐与悲伤，有着一样的关于梦想、未来和成长的烦恼。不要小看自己，要通过努力让自己更出色，奋不顾身才叫青春。我们要在火热的青春中放飞人生梦想，在拼搏的青春中成就事业华章，更要有信心和勇气去迎接不可预知的未来。

青春因奋斗而精彩，有了奋斗，青春才会飞扬，有了拼搏，青春才会美丽。拥有青春，就拥有一份潇洒和活力，拥有青春，就拥有一份灿烂和辉煌！把握青春的每一分每一秒，向着成功奋斗、向着成功搏击，我们的青春才会更美好、更充实、更闪亮。

若干年后，当我们步入暮年，就可以对自己说：“我的青春没有虚度，我的人生终于有所成就，我高兴，我自豪。”

不要将遗憾留下，抓紧时间去拼吧！

我若不勇敢，谁替我坚强

每个人都会步入青春岁月，青春总是如风一般让人无法捉摸。青春是一种懵懂的成长；青春是一种隐约的疼痛；青春是一种迷蒙的寻觅。有迷茫，有彷徨，有难过，有痛苦，有孤独，有纠结，也会有让我们感到恐惧的黑暗，这就是青春。正因为有这些存在，我们才学会了在孤独里思考，在纠结中选择，在疼痛中勇敢地追梦。

再坚强的人，也会有脆弱的时候。孤单的时候，希望有人陪伴；难过的时候，也希望有人安慰；失败的时候，更希望有人鼓励……这时，我们要学着勇敢，因为如果我们自己都不勇敢，就没人能替我们坚强。

我曾读过这样一个真实的事例：

巴雷尼小时候因病成了残疾人，母亲非常悲痛，她来到巴雷尼的病床前，拉着他的手说："孩子，妈妈相信你是个有志气的人，希望你能用自己的双腿，在人生的道路上勇敢地走下去。你能够答应妈妈吗？"巴雷尼听到母亲的话，再也忍不住悲伤，"哇"的一声，扑到母亲怀里大哭起来。

从此，妈妈只要一有空，就带巴雷尼练习走路，做体操，常常累得满头大汗。体育锻炼弥补了由于残疾给巴雷尼带来的不便。在母亲的鼓励和帮助下，巴雷尼非常坚强，他终于经受住了命运给他的严酷打击。他刻苦学习，学习成绩一直名列前茅，最后以优异的成绩考进了维也纳大学医学院。

大学毕业后，巴雷尼以全部精力，致力于耳科神经学的研究。最后，他终于登上了诺贝尔生理学和医学奖的领奖台。

无独有偶，邰丽华的故事也很让人感动。

邰丽华两岁时，因为一次高烧失去了听力。没过多久，她甜美的歌喉也关闭了，她陷入了无声世界。为此，父亲带她辗转武汉、上海、北京等地求医问药，只要听说哪里有一线治疗希望就不会放过，但她的病情始终不见好转。

七岁时，父母将她送入市聋哑学校学习。虽然和别人不一样，但坚强的邰丽华非常努力。舞蹈使邰丽华品尝到无穷的欢乐，但这还不够，她发誓要改变自己的人生。

十七岁那年，她给自己定下新的目标：上大学。于是她又将自己练舞的倔劲儿放到学习文化课上，1994 年如愿以偿地考取了湖北美术学院装潢设计系，成为了一名大学生。

现在，邰丽华不仅担任了残疾人艺术团演员队队长，出任了中国特殊艺术协会的副主席，同时她也是中国残疾人艺术团的“形象大使”，先后在四十多个国家巡回演出。

我们永远不会像自己所想象的那样幸福，也永远不会像自己所想象的那样痛苦。心若向暖，便无处不花开。人生有多残酷，我们就应该有多坚强。

做个狠角色，不轻言放弃

俗话说："天下无难事，只怕有心人"。当我们要放弃时，其实离成功可能只有一步之遥了，关键时刻要坚持。要知道，许多的努力不是一下子能看到成果的，需要耐心和坚忍，坚持到底就是胜利。只要愿意付出坚持的代价，你终究可以享受到成功的甘甜。

曾看到这样一个故事：

索兰诺和他的朋友去寻找宝石。他们从河边开始搜寻。一路上，由于整日捡石头，洗石头，他们衣衫褴褛，手掌上全是老茧，累得都不想动了，但仍然没有发现一点希望。他们备受打击，身心疲惫，坐在干涸河床中的一块大石头上休息。

索兰诺忽然对两个伙伴说："我受不了了，我已经捡到九十九万九千九百九十九颗了，还没有找到一颗钻石，再捡一颗就是一百万了，这纯粹是在做无用功。"

听到索兰诺要放弃，其中一个伙伴很不高兴地说："再捡一块吧，凑成一百万吧。""好吧，"索兰诺说着，弯下腰，抓了一块石头，有鸡蛋那么大。"嘿，给你！"他说着，"这是最后一块了哦。"可是他觉得这块石头太沉了，仔细一瞧，竟然是块钻石。

后来，这块钻石以两百万美元的价格被纽约的一位珠宝商收购，并取名为"自由者"，这是迄今世界上最大最纯的一枚钻石。

如果索兰诺没有坚持，那么他就不会捡到世界上最大最纯净的钻石。

所以，当你要放弃的时候，其实离成功可能只有一步之遥了。关键时刻我们做个狠角色，对自己狠一点，坚持下去，那么自然会取得成功。

李昂是一个刚毕业的大学生，他凭借自己突出的个人能力，找到了一份让人羡慕的高薪工作，在一个海上油田钻井队里做技术员。

第一天工作，领班要求李昂在限定的时间内登上几十米高的钻井架，把一个包装好的漂亮盒子拿给在井架顶层的主管。

李昂对这第一个任务非常有信心，他拿着盒子，快步登上狭窄的舷梯，满头大汗地登上顶层，把盒子交给主管。主管只在盒子上面签下自己的名字，又让他送回去。于是，李昂按照吩咐又快步走下舷梯，把盒子交给领班，而领班也是同样在盒子上面签下自己的名字，让他再次送给主管。

李昂虽然有些不耐烦，但还是按要求重复了一遍他的工作。当被要求第三遍做这个上下舷梯的工作时，李昂有些生气了，他尽力忍着不发作，擦了擦满脸的汗水，继续爬舷梯。李昂第三次把盒子递给主管时，主管慢条斯理地说：“请你把盒子打开。”

李昂打开盒子，里面竟然是两个玻璃罐：一罐是咖啡，另一罐是咖啡伴侣。主管接着对他说：“请你把咖啡冲上。”这时，李昂无法克制心头的怒火，将愤怒和不满全部发泄出来，他扔掉盒子，大声说：“我不干了！”

主管摇了摇头，对李昂说：“刚才我们所做的是一种‘承受极限训练’，因为我们在海上作业，随时会遇到危险，这就要求队员们有极强的承受力。你已经通过了前面三次，只差最后一关，你没有喝到自己冲的胜利的咖啡。对不起，您不适合在这里工作。”

如果李昂再坚持一下，就不会丢掉工作了。成功往往就是在我们忍耐了常人所无法承受的痛苦之后，才出现在我们面前的。当困难来临时，不要低头，狠下心坚持着走下去，有什么事能难倒我们呢?

鲁迅先生说过，“真的猛士，敢于直面惨淡的人生，敢于正视淋漓的鲜血”，只要我们在工作和生活中能以积极的态度面对困难，不被困难所吓倒，就一定能够战胜一切，成为一名真正的勇士。

把每一天当作“末日”来过

人生不过短短的几十年，似水一样流淌，不可遏阻。我们要用把每一天当作“末日”来过的精神，认真过好每一天。毕竟生活并不是那么矫情，容不得我们任性！要知道，在你徘徊的时候，总有人在前行；在你迷茫的时候，总有人在努力；在你放弃的时候，总有人在坚持……

事实上，大多数普通人都和我们一样迷茫，因为我们生来就与“富二代”们不在一个世界里竞争。让人迷茫的原因只有一个，那就是本该拼搏的年纪，却想得太多，做得太少。只有先改变自己的态度，才能改变人生的高度。我们只有在正确心态的指引下，做了自己真正想做的事情，才能逐步走向成功。

的确，生活是很现实的，也是很残酷的，并不会为我们特意开绿灯，我们只有抛却迷茫彷徨，拥抱激情洒脱，在人生路上，忍着疼痛，流着汗水，奋力向前奔跑。人生就像舞台，不到谢幕，永远不会知道可以有多精彩。不得不说，每一天的努力，只是为了让远方变得更近一些。

小草因为其出土前的奋力一搏，而感受到了春天的爱抚；雄鹰因为其飞翔前的奋力一搏，而感受到了天际的广阔；鲤鱼因为其跃过龙门前的奋力一搏，而看到了龙门那面的美丽景色……自然界如此，人生也是如此，我们只有拼搏每一天，才可以让自己取得更大的辉煌。

拼搏的可贵之处就在于为着一个明确的目标迎难而上，跌倒了爬起来，屡败屡战，不达目的誓不罢休！正如泰戈尔所言：“你应该不顾一切纵身跳进你那陌生的、不可知的命运，然后，以大无畏的英勇把它完全征服，不管有多少困难向你挑衅。”

不管你是一个什么样的人，只要渴求早日把“成功”两字贴在自己的人生簿上，那么就应当毫无保留地去拼搏——用心思考行动计划、用力做稳心中目标。做最优秀的自己、选择比努力更重要、行动比心动更重要、改变自己，升华自己。

我们永远不要忘了：“你只能干你最想干的，但不能要你最想要的。”叔本华的这句箴言，道出了人间的大智慧。敢想不敢干，人生就会腐烂。你最想干什么，就去干什么，这样才能距离你的梦想越来越近。

生活不会自动为你我铺路，生命不息，折腾不止，每天的努力，都是在给明天的生活埋下伏笔。只有什么都去做，努力做，拼命做，把每一天当作“末日”来过，过好生命中的每一天，才能实现梦想。

不要只是看起来很努力

为什么你一直努力，却没有得到满意的答案？为什么你每天都很忙碌，却始终看不到希望的曙光？……种种疑问折磨着我们，这需要我们静下心来想一想：你是真的努力了，还是只是看起来很努力？

那些真正努力的人，也许并没有那么勤奋，也不用过得那么痛苦，因为他们并不期待短期努力即刻就有巨大的回报。

李尚龙在《你只是看起来很努力》这本书中讲了这样一个故事：

一个女孩子考了四次四级，还没过，笔记记满了厚厚的一大本，单词书背了无数遍，真题做得连答案都能背下来了，还是考不过。初步来看，这简直是一件不可思议的事情。

经过了解，才知道原来这位同学是学生会主席，活动多，交际广，英语学习就只是草草做做真题，记记答案，根本没有多少时间来好好思考。而英语，绝对是一门需要独处反思才能学好的学科。

这样看来，这位女孩过不了英语四级，就很正常了。她只是看起来很努力，没有用足够的精力来迎考，自然就过不了了。

庸碌一生，只因我们不曾努力活得丰盛。若想实现自己的梦想，出人头地，就要实实在在地去努力，不要只是看起来很努力，否则会害了你自己。

有一天吃过晚饭，我坐在电脑前，开始背雅思英语单词，老妈忽然和我说：“别背了，你根本就没有用心学，在自欺欺人罢了！”老妈的这句话让我豁然开朗，瞬间找到了“为什么我这么努力，却学不好英语”的原因。

其实，我真的不是很用心，我只是一个劲儿地做题、记笔记，但从来不会复习整理这些笔记；我听各种各样的听力材料，但总是三天打鱼两天晒网；我背诵单词，但总是走马观花……我所谓的努力其实只是为了告诉自己和别人：你看，我在努力呢！

在生活中，有很多这样的人，他们做出努力的样子，只是为了得到别人的认可，满足内心的虚荣罢了，并没有全心全意地去努力，结果，自然很难取得成功。

所以，并不是他们太笨，而是因为他们的努力并不是真正的努力，他们要么没有选择正确的方向，要么只是看起来很努力，采用的都是无效的努力方式，没有做到专注和用心。

其实，你的努力并不值得夸耀，而是需要严肃地审视。让我们离所谓的艰苦努力远一点，不要再自欺欺人，不要再做无意义、无价值的自我消耗了。要知道，没有目标的努力，没有计划的奋斗，都只是作秀而已。不要为了讨好别人而为难自己，我们要敢于和别人不一样，在追求梦想的旅途上，付出实实在在的努力，才能活出真正的自我。

只要你还能去追，就别丢掉雄心壮志

拿破仑说："不想当将军的士兵不是一个好士兵。"就是说，人要有远大的志向，志向决定着一个人努力和判断的方向，志向的大小决定人生的高度。成就辉煌人生，取得丰功伟绩，绝非轻而易举之事。大大小小的困难，会让我们止步不前；形形色色的阻碍，会让我们心生迷茫。但无论如何，我们都不能丢掉雄心壮志。

不得不说，梦想是天空中翱翔的雄鹰，梦想是天空中飞舞的风筝，而奋斗则是雄鹰的翅膀，放飞风筝的绳索，他们互相缠绕，缺一不可！既然梦想这条路踏上了，跪着也要走完，死扛下去才有机会。无论路途多么遥远，无论你背负多少，只要启程了，就不能停！

马云曾说："人可以十天不喝水，七、八天不吃饭，两分钟不呼吸，但不能失去梦想一分钟。没有梦想比贫穷更可怕，因为这代表着对未来没有希望。一个人最可怕的是不知道自己干什么，有梦想就不在乎别人骂，知道自己要什么，才会坚持下去。"的确，每个人都有梦想，都有雄心壮志，只要我们还去追，就不能轻言放弃。

企业家洛克菲勒似乎从来不缺少雄心壮志，从很小的时候开始，他就立志要成为全世界最富有的人。但这对没有什么家庭背景、没什么学历的穷小子来说，好像是天方夜谭。但洛克菲勒认为，必须拥有雄心壮志，梦想必须足够远大，有了远大的目标，才能促使一个人发挥全部的力量，去实现成功的梦想。相反，如若失去远大的目标和梦想，也就等于失去前进的动力。

一个人能否成功，关键在于他意志力的强弱。意志坚强的人不管遇到什么困难和障碍，都会百折不挠，想方设法去克服；意志薄弱的人一旦遭遇麻烦，甚至在挫折还没有到来之前，就开始庸人自扰，彷徨失措，选择放弃。

黑人领袖马丁·路德金说过：“这个世界上，没有人能够使你倒下。如果你自己的信念还站立的话。”的确，“不倒下”其实很简单，只要有信念，就会从心灵深处产生一种强大的力量，将你的灵魂高高托起，让你如盘古般站立在天地间，笑看浮世风云。

在法国，有一处著名的旅游景点，它的名字叫做“邮差薛瓦勒之理想宫”，这个景点的由来，有一个非常动人的故事。

很多年以前，一位名叫薛瓦勒的乡村邮差每天徒步奔走在乡村之间送信。有一天，他被山路上的一块石头绊倒了。当他爬起来时发现绊倒他的那块石头样子十分奇异，他便把那块石头放在了自己的邮包里。

回家后，他疲惫地躺在床上，突然产生了一个念头：如果用这样美丽的石头建造一座城堡，那将是多么美丽啊！于是，他每天在送信的途中都会寻找石头，每天总是带回一块。后来，他开始推着独轮车送信，把看上的石头都装在独轮车上。

就这样，他按照自己的思维垒造城堡，所有人都认为他的脑子出了问题。尽管被人质疑，但薛瓦勒没有停止，坚持按照自己的想法建造城堡。

在二十多年的时间里，他不停地寻找石头、运输石头、堆积石头，渐渐地人们发现，在他偏僻的住处，出现了许多错落有致的城堡：有清真寺式的，有印度神教式的，有基督教式的……

多年以后，一位记者发现了这群低矮的城堡，在入口处的一块石头上有这样一句话：我想知道一块有了梦想的石头能够走多远。

美国作家梭罗说："你听说过谁勤勤恳恳、兢兢业业，最后却什么也没得到吗？如果一个人艰苦奋斗，他会没有回报吗？如果一个人在生活中表现出英雄主义的气概、宽宏的崇高品格、追求真理的勇气、诚实守信的人品，难道他不会获得成功吗？难道这些努力会白白付出？"的确，不管你从事的是什么职业，或者想为自己做点什么，你一定要相信，通过自己的勤奋努力，人生会不断地向美好的方向发展。

有人说自己是生活的主角，有人说自己是生活的配角，其实，只有自己才能将自己的生活演绎得炉火纯青。对于我们来说，命运不是上天注定的，而是我们自己决定的。如果想要战胜命运，我们就要付出辛勤的汗水向这个目标奋斗，要学会坚强，不怕失败，只要还能去追，就不能丢掉雄心壮志。

没有一条路是白走的，每个转弯都有它的意义

有位哲人曾经说过：“生活总是无法避免失败，失败无所不在。任何时间、任何地点，生活的各个方面都会有失败的可能。”的确，在生活中，无论我们做什么事情，都有遭遇挫折失败的可能，关键是，当我们遇到这种情况时，该如何应对。

其实，输不丢人，怕才丢人！每天放弃一点，一年积累下来就是大危害，一辈子积累下来就会让我们彻底失败！

百炼方能成钢，千锤才可砺刃。挫折是一把打向坯料的锤子，打掉的是脆弱的铁屑，锻成的是锋利的钢刃。一味的顺境会使我们迟钝，只有挫折才能激发我们的潜能。

人生没有一条路是白走的，每个转弯都有它的意义。至于未来怎么样，要用力走下去才知道。我们不要在乎别人认为我们该做什么，而要在乎我们认为自己该做什么。当失败来临时，我们要保持一种积极乐观的心态，不要灰心，更不要害怕失败，只有这样才能抵达成功的彼岸。

成功者永远视挫折为挑战、视失败为教训，每条路都会认认真真地走下去。在面对未来的迷茫和未知时，他们坚信自己、坚信理想并勇往直前。

曾获普利策奖的记者伍德·沃德是知名人物，他所取得的成就都是通过自己的努力得来的。

当他刚刚开始自己的职业生涯时，一门心思地想进入《华盛顿邮报》做一名记者。当时，主管编辑部工作的喻利觉得眼前的这个小伙子太普通，就让自己的助手先安排他不带薪水实习两个星期。两个星期很快就过去了，伍德·沃德虽然干得很卖力，但采写的十七篇稿子没有一篇被采用。最后，他被报社辞退了。

伍德·沃德的人生路出现了转弯，他没有被困难吓倒，在华盛顿附近的蒙特哥莫瑞找了一份工作，但他不甘心自己的梦想就此凋落。不久，他开始频频给喻利打电话，希望他再给自己一次机会。一次，喻利正在度假，对打来电话的伍德·沃德大发脾气。他的妻子很冷静地说："你难道不认为这正是一个好记者必须具备的素质么？"最后，喻利听了妻子的话，让伍德沃德回到了《华盛顿邮报》。

对水门事件的报道使得伍德沃德成为了著名的记者，可如果他在被《华盛顿邮报》拒绝之后就自暴自弃，远离新闻界，那么新闻界将永远不会留下这个传奇的名字。

没有什么路是白走的，没有什么事情是白做的，通过一点一滴的努力才最终让我们取得成功。面对挫折，面对失败，我们不要抱怨，更不要后悔。你有后悔、抱怨的时间，不如整装待发继续前进。

在现实生活中，失败并不可怕，可怕的是一经失败，就郁郁寡欢、一蹶不振。要知道，跌倒了我们可以爬起来再走，失败了也并不意味着你比别人差。即使有千万人阻挡，也不要选择举手投降。因为这一次的失败一定孕育着下一次的成功。有梦想，就要勇敢去追逐，勇敢去接受风雨的洗礼，为了成功去奋斗、去拼搏。

不得不说，那些出类拔萃的人能够取得成功，往往都是因为他们能够正确面对失败，并从失败中汲取经验和教训，从而踏上成功之路。机会只偏爱那些不懈努力、不言放弃的人。因此在面临考验的时候，我们不要被吓倒，更不要退却，勇往直前才能赢得属于自己的成功。

第十二章

不抛弃，不放弃，一个人拼的就是坚持

你若盛开，蝴蝶自来。因为美好，所以坚持。但也正因为坚持，所以美好。世上很多成功都来源于坚持。当你选择好了人生奋斗的准确方向后，唯一要做的就是坚持下去，因为没有一种坚持会辜负你。

不抛弃，不放弃，成功贵在坚持不懈

“不抛弃、不放弃”源于2007年夏天热播的电视剧《士兵突击》中的一句台词，自出现便红于大江南北。“不抛弃、不放弃”，是军人的精神，更是尊重人性平等的体现。只有不放弃我们心中的信念、理想与追求、应该坚持的原则，以及由信念、理想、追求与原则所换来的努力与拼搏，不放弃最后一刻的拼搏，才能获得成功的机会。

骐骥一跃，不能十步；驽马十驾，功在不舍。同样，成功的秘诀不在于一蹴而就，而在于你是否能够坚持不懈。

曾看到过这样一个女孩儿的故事。1987年，她才十四岁，在湖南益阳的一个小镇卖茶，一毛钱一杯。因为她的茶杯比别人大一号，所以卖得最快。十七岁时，她把卖茶的摊点搬到了益阳市，并且改卖当地特有的“擂茶”。擂茶制作比较麻烦，但也卖得起价钱。结果，她的小生意总是忙忙碌碌。她二十岁时，虽然还在卖茶，不过地点变了，在省城长沙，摊点也变成了小店面。客人进门后，尽情享用热乎乎的香茶后，他们或多或少会掏钱再拎上一两袋茶叶。

1997年，她二十四岁，长达十年的光阴，她始终在茶叶与茶水间滚打。这时，她已经拥有三十七家茶庄，遍布于长沙、西安、深圳、上海等地。福建安溪、浙江杭州的茶商们一提起她的名字，莫不竖起大拇指。她三十岁时，她的最大梦想实现了，把茶庄开到了香港和新加坡，她兴奋地说："在本来习惯于喝咖啡的国度里，也有洋溢着茶叶清香的茶庄出现，那就是我开的……"

轻松的言语后难以掩饰创业的艰难，正因为坚持，她才一步步走到了今天，她就是孟乔波。接着，我们再看一个比较熟悉的人——海伦·凯勒。

海伦·凯勒出生后的第十九个月，一场突如其来的猩红热产生的高烧使她变成了一个集盲、聋、哑于一身的残疾人。尽管命运之神夺走了她的视力和听力，她却用勤奋和坚韧不拔的精神紧紧扼住了命运的喉咙。

《我的生活》结集出版后，轰动了美国文坛。一个世纪以来，《我的生活》被翻译成五十多种文字，传遍了世界的每一个角落。海伦·凯勒一生共出版专著十四部，大都成了激励美国人的优秀读物，而她在《大西洋月刊》上发表的散文《假如给我三天光明》更因其孤绝的旷世之美征服了全世界的读者。

不管是卖茶女还是海伦·凯勒，她们取得的成功都离不开坚持，在绝境中不轻言放弃。

"不要惧怕失败，即使被踩到泥土中，我们也不能甘心变成泥土，而要成为破土而出的鲜花。从绝望中寻找希望，人生终将辉煌。"说这番话的人叫俞敏洪，是新东方的校长。在从一个北大教师到一个个体户的过程中，俞敏洪可算是经历了一番折腾，用他的话说，好像他把以前从来没有经历过的事情都经历了。

提起自己的成功，和自己往日为了生存而苦苦挣扎的经历，俞敏洪说道："当一个人在绝境中为生存而奋斗时，他做什么都不会感到有心理障碍的。"这就是俞敏洪成功的理由。从最粗糙、最低级、最简单的事情开始，点点滴滴做起，不在乎世人的眼光与评价，即使身处绝境也毅然前行。不抛弃，不放弃，坚持到底。

只要坚持，梦想总是可以实现的

2015 年 12 月 31 日，新年前夕，国家主席习近平通过中国国际广播电台、中央人民广播电台、中央电视台，发表了 2016 新年贺词。他在新年贺词中提到：这一年，北京获得第二十四届冬奥会举办权，人民币纳入国际货币基金组织特别提款权货币篮子，我国自主研制的 C919 大型客机总装下线，中国超级计算机破世界纪录蝉联“六连冠”，我国科学家研制的暗物质探测卫星发射升空，屠呦呦成为我国首位获得诺贝尔奖的科学家……这说明，只要坚持，梦想总是可以实现的。

“只要坚持，梦想总是可以实现的”和网上流行的“梦想总是要有的，万一实现了呢？”有着异曲同工之妙。但是更加肯定，更能激励人。有梦想，人生才有动力。为实现梦想而努力，才更能体味到成功的喜悦。

每个人都在追梦，要懂得“梦想一旦被付诸行动，就会变得神圣”。让梦想起步，在现在时中不断修正，在将来时中不断超越。有梦是起点，追梦是过程，圆梦是信念。有梦才有方向，追梦彰显力量，圆梦才是核心。所以，梦想不能停留在口头上，更不能是一时的热情，而应以坚定的信念、坚定的行动为之不懈追求。

每个梦想的实现都不容易，一路上充满艰辛，洒满汗水，正因为天下不会掉馅饼，我们更要始终保持积极进取的姿态。历经磨难，才坚信只有奋斗才可能圆梦。一言以蔽之，我们坚信：有付出，就会有收获。

梦想很丰满，现实很骨感。是的，如果有梦想但不努力，也许梦想只会和你擦肩而过。因此，当我们和梦想不期而遇时，就要付出百分之百的努力。梦想是美好的，但是实现梦想的道路是曲折的，无数人在实现梦想的道路上遭遇了无数曲折，尽管如此，他们依旧大步向前。其实梦想就是一个人给自己定的一个大目标，必须认真地面对它，坚持了，熬过了，梦想就实现了。一个实现梦想的人，就是一个成功的人。

屠呦呦为了发现治疗疟疾的特效药，经历无数次的实验和提纯，终于找到了青蒿素的提取办法，在此过程中，自己和团队成员都为此身染疾病，却换来了世界几百万人的健康。

美国著名的动画大师沃尔特·迪士尼为了实现建立“地球最欢乐之地”的梦想，四处向银行融资，可是被拒绝了三百多次后，每家银行都认为他的想法怪异。其实不然，他有远见，并且有决心实现梦想。今天，每年都有上百万游客享受到前所未有的“迪士尼欢乐”，这就是坚持梦想的给自己、给世界带来的改变。

不得不说，习近平主席的这句“坚持”，是多么的令人鼓舞，又是多么惹人感叹。谁没有过半途而废的悔恨呢？谁没有那只差临门一脚的痛惜呢？谁没有置身十字路口的迷茫呢？其实，纵观成功者与失败者的差别，有时仅仅只差了一个坚持。给梦想一点时间，给理想一把梯子，只要坚持，梦想就会变为现实。

执着是成功的一种素质

在生活中，不会总是洒满阳光、充满诗意的，而是经常会有荆棘丛生的山路，甚至是沼泽、暗礁与险滩。我们在追求成功的道路上，更是困难重重，险境多多。因此，它需要我们勇敢地面对，坚持不懈地执着前行！

人生的辉煌来自正确的选择，选择了之后，接下来就是坚持和承受。人生是一条没有尽头的路，不要留恋逝去的梦，要把命运掌握在自己手中，这样，艰难前行的人生途中，就会充满希望和成功！

有一个孩子，因为父母早逝，自幼就开始了贫病交加、无依无靠的生活，尝尽了人生艰辛。为了养活自己，他到一家印刷厂做童工。虽然环境很苦，但喜爱看书读报的他还是非常喜欢这份工作。一天，他在一家书店的橱窗前看到一本书，非常喜欢。为了能够买下这本书，他不得不挨饿，从饭钱中挤出钱来。

这天，他在路过书店时，发现书店的书橱里有一本打开的新书，便如饥似渴地读了起来，直到把打开的两页读完才恋恋不舍地离开了。后来，让人奇怪的是，这本书每天都往后翻两页，他便天天都去读，直到把全书读完。结果，书店里一位慈祥的老人抚摸着他的头说："好孩子，从今天起，你可以随时来这个书店，任意翻阅所有的书籍，不需要付一分钱。"

后来，这个少年成了著名的作家和记者，他就是英国一家晚报的主编——本杰明·法利吉尤。

身处困境的本杰明·法利吉尤之所以能成功，除了书店老人的关怀和鼓励外，更重要的是因为他自己对命运的不屈和对成功的坚持。

雅诗·兰黛也是一个坚强执着的女人。这个从贫民窟中走出来的传奇美丽女性，凭着自己的努力，成为世界上最富有的女性之一。《时代周刊》将这位化妆品女王评为二十世纪最富有影响力的二十位商业天才之一。但没有几个人知道在她创业的过程中充满了怎样的曲折和艰辛。

向化妆品王国进军的时候，她已经是两个孩子的妈妈，她创办的化妆品公司当时只有她一个人，生产、销售、运输、策划等都是她一肩挑，有时候接电话，她不得不经常变化嗓音，一会儿装经理、一会儿装财务部的总监、一会儿装运输部的负责人。但是，即使这样，她也没有一刻放弃自己的梦想与追求，以一种常人难以想象和理解的毅力坚持了下来。

巴尔扎克说过，“世界上的事情永远不是绝对的，结果完全因人而异。苦难对于天才是一块垫脚石，对于能干的人是一笔财富，对于弱者是一个万丈深渊。绝境能造就强者，也能吞噬弱者。”的确，很多成功人士的创业史都充满了辛酸，都经历过创业的危机，都遭遇过生意和生活破灭的绝境。

面对梦想道路上的困苦、艰难与坎坷，执着是最好的利刃，他会帮助一个人劈开艰难，穿越困境，抵达铺满鲜花的梦想。而那些半途而废、做事“三天打鱼，两天晒网”的人，只能与成功失之交臂。只有坚持和执着，才能让你取得成功。

做事不能半途而废

伟人之所以是伟人，就是因为能不屈不挠地实现自己的预定目标，即使遇到最大的困难也绝不放弃。要想办成一件事情，切忌半途而废，否则，就永远成不了大事。办事最忌半途而废，半途而废的人永远也不会成功。

古时候，有个叫乐羊子的人到外地求学，但学习的艰辛，求学的清苦，使他感到很乏味。他在书塾待了一年后决定弃学返乡。当乐羊子进门时，妻子露出惊喜而略带诧异的脸，当她看到乐羊子那沉甸甸的行装，脸上的笑容消失了。

妻子没说什么，拿出一把剪刀，走到织布机边把织布机上织着的一匹布剪断了。乐羊子非常心疼，因为那是一块图案精美的花布，只差一点就要完工了。

“这本是一块快要完工的布，但我剪断了它，它便成了一块废布。”妻子说，“求学的道理也是一样，若能坚持到底，付出艰苦的努力，就能成为一个有用的人，否则只会前功尽弃，如同这块废布一块，成为一个毫无用处的人。”

乐羊子非常羞愧，为了不再虚度光阴，便打起行装，回到书塾去继续完成学业。

可见，做事切忌半途而废，真正想成大事的人，永远要明白这个道理。每个人都能登上人生的金字塔，无论是鹰还是蜗牛。问题在于这个世界上，许多人都是蜗牛而不是鹰。那么作为蜗牛的我们，想站在金字塔塔顶，就必须持之以恒，绝对不能半途而废。

达·芬奇因为热爱学习新知，且持续不懈，因而得以横跨多种领域，同时是建筑师、解剖学者、雕刻家、工程师、发明家、数学家、音乐家。而他无穷的好奇心与创意，使得他成为文艺复兴时期艺术家代表之一，同时也是世界上最伟大的画家之一。

王羲之经年累月苦练书法，成就“天下第一行书”的盛名；钱钟书坚持每天进阅览室，才有“横扫清华图书馆”的豪言壮语，成为学贯中西的大学者；因为坚持，登山者才能登上世界第一高峰。

郎平出生在天津，之后随父母到北京生活。郎平的父亲是个体育迷，一有机会他就带着女儿到北京工人体育馆去看比赛。父亲对体育的酷爱影响着郎平。在郎平少年时代的记忆里，排球给她留下了美好的印象。

后来，参加排球班的训练后，枯燥、乏味、艰苦的训练，也曾使郎平产生过动摇，可每当此时，父亲就叮嘱她道：“平平，吃点苦算什么，你既然喜欢打排球，就不能半途而废。”

郎平始终不忘父亲的鼓励，顽强地坚持下来了，并且凭着自身良好的条件和素质，凭着突飞猛进的球技，从短训班到了长训班，成了北京工人体育场业余体校排球班的一名正式队员。

1974 年初，刚刚从北京东光路小学毕业的郎平，伴着纷纷扬扬的雪花，来到北京朝阳中学(现北京陈经纶中学)。她参加了排球队，没有一点娇气，有时练接球练得两臂红肿，但她仍能咬牙坚持。在这一年的秋季，郎平被选进了北京市第二体育运动学校，成了排球培训班的专业队员。

后来，郎平又凭着自己始终不渝的韧劲儿，经过努力，终于进入了她日思夜想的北京队。1978 年，郎平参加全国排球甲级队联赛，崭露头角，被袁伟民教练看中，进了国家队。经过训练，她终于成为“世界三大扣球手之一”，出色的高位拦网和落地开花的扣杀技术，让世人为之惊讶。

不得不说，如果他们都半途而废，没有坚持到底，就很难创造辉煌的篇章了。一个旅行者出发旅行，他可以没有水，可以缺少食物，可以没有交通工具……很多东西都可以没有，但有一样东西是绝不能缺少的，那就是持之以恒的精神。只要能坚持，一直走下去，迟早都会抵达目的地。

在生活中，我们做事千万不能半途而废，要有坚持到底的精神，才会有所成就。正如十九世纪最有成就的科学家之一巴斯德说过，“我唯一的力量就是我的坚持精神”。

一生只做好一件事

同样的忙碌，有的人功成名就，有的人依然为生计挣扎，是命运不公平吗？当然不是。问题出在你自己身上。“不知道自己箭靶的位置，你就永远无法射中它！”没有目标，你再忙碌也是白搭。当你醒悟时，自然会明白“一生只做好一件事”的真正含义！

新东方教育集团有限公司董事长俞敏洪再谈理想与现实时，他说过，“对我来说教育是我一辈子的事情，新东方是我一辈子的事情，我有过机会去倒房地产，倒卖钢产，我都没去做。我觉得人生一辈子只能做成一件事情，不要想那么多。”的确，这是一个喧嚣的时代，一生能做好一件事就是幸运。

法国马赛有一位叫多梅尔的警官，为了缉捕一名奸杀女童埃梅的罪犯，查了十几米高的文件和档案，打了三十多万次电话，足迹踏遍四大洲，行程达八十多万公里。多年来，由于他把全部心思都放在追捕上，结果两任妻子都离他而去。虽然遭受了很大的打击，但他仍矢志不移，经过五十二年漫长追捕，终于将罪犯捉拿归案。

那年，当他拿手铐铐住凶手时，已经是七十五岁高龄。他兴奋地说：“小埃梅可以瞑目了，我也可以退休了。”有记者问：“您这样做值吗？”他回答说：“一个人一生只要干好一件事，这辈子就没有白过。”

干一行、爱一行、钻一行，只有走好每一步，才能走好全程。做好眼下的每一件事，是走好人生全程的基础，眼前的事都做好，全程也就都走好了，人生也就完美了。一生不求做许多事，做好一件事就够了。

提到著名演员刘青云，大家都比较熟悉。入行三十几年，很多人说，刘青云是一部香港电影近代工业史。他演过香港巅峰时期的喜剧，又演过正剧。角色上，从警察、杀手、消防员、音乐人、父亲，再到精神分裂的神探，他几乎什么都演过，是一个非常敬业的演员。

1999 年，刘青云十七号要和郭蔼明结婚，但杜琪峰的《真心英雄》十四号还在泰国拍。离婚礼还有三天，在最后的大决战的场景是在一个满是玻璃的大仓库里，这要是爆破起来，玻璃飞向哪里，是不可预估的，导演杜琪峰都不敢打包票。杜琪峰问刘青云："这场戏拍不拍"。刘青云瞪着眼睛："拍啊，怎么不拍？"

拍摄这场戏之前，刘青云就和编剧游乃海交代道："万一出事了，不要送我去医院，立刻把我送上飞机，直飞香港。"游乃海以为刘青云在和他开玩笑，但刘青云瞪着大眼睛，眼白里都能看到血丝，说道："我再说一次，有什么问题，别管，送我上飞机。"幸运的是，结局爆破戏拍得极其顺利。

事后，每当有人和刘青云聊起这些，他总是哈哈一笑，说道："一生只做一件事，你还不做认真一点？"。

刘青云的生活，除了认真演戏，你找不出任何劲爆的话题。和朋友提到刘青云三个字，也不约而同把他称为完美人格好好先生。大概现在真的很少有人像他，把认真也当成一份职业吧。

一生只做好一件事，这是一种咬定青山不放松的坚守与执着，也是一种参透人生百态的睿智和厚重。一辈子的坚守不容易，选择用一生的坚持，完成一件事，其结果或许轰轰烈烈、惊天动地，或许默默无闻、微不足道，但其透露出的人生态度，都让人感动和钦佩。

所以，我们做事要有终极目标，如果没有目标地做事，什么事都将半途而废。做事不是找事，事太多分散精力，结果什么事也做不成。什么事都做，不如集中全部时间和精力做一件。一件事做成功了，做精了，你便成了权威和精英，便成就卓越的事业。

我最后想说的是，我们所处的这个时代，想成功的人太多了，但不少人今天干这个，明天干那个，没有确切的目标，最终一事无成，黯然而退。其实，我们一旦看准了自己的潜能，看到了自己的兴趣所在，就沉下心来，充分发挥自己的核心优势，一心一意做好自己喜欢的这件事，这样，成功的机率就会大大增加。

努力向前奔跑，一个人拼的就是坚持

生活有苦也有乐，既要能品味苦辣酸甜的淡然，也能正确面对成功后的坦然，这样的历练过程是稚嫩走向成熟的必然，不经一番寒彻骨，哪有梅花扑鼻香，不经历生命的艰苦磨难，哪能创造生命的奇迹。

每一个优秀的人，都有一段苦逼的时光。当你倦了厌了时，不要轻言放弃。不管发生什么，都要坚持下去，因为一个人能否成功拼的就是坚持。无论是谁，若不努力都不会走出生命的奇迹，只有用坚定不移坚持下去，才能收获生命之外的美丽。只有经历痛苦磨砺，才能孕育生命破茧成蝶，才会绽放斑斓色彩，尽情舞蹈。

贝基拉出生在埃塞俄比亚的一个贫苦的家庭，他从小就渴望成为一名长跑健将。因为家里穷，拿不出训练费，连最便宜的普通跑鞋也买不起，他只能站在训练场边看运动员们训练。

一天，贝基拉又走到训练场边，一位跨栏教练员听了贝基拉的倾诉，将他带到一组很矮的栏杆前，让他一路跑过去，他轻松地跨越一个个栏杆。教练员又指了指那组已升高到足有一点五米的栏杆前让他再试一试。他努力了好几次，也没能跨过去。

这时，教练员对他说：“孩子，你刚才所说的那些困难，就像眼前的这一道道栏杆，它们会横在每个人的面前，在一次次的失败后，你最终能跨越它们，你还可以踢翻它们，也可以绕过它们，你只需盯准你向往的前方，只管努力地向前奔跑，没有什么能阻拦你前进的脚步。”

这一席话重新点燃了贝基拉的希望，从此，买不起跑鞋的贝基拉开始了他坚定而执着的赤脚奔跑训练，广袤的原野、泥泞的山路、坚硬的戈壁滩上……随处可见他奔跑的身影。数年后，他成了埃塞俄比亚著名的马拉松运动员。

1960 年罗马奥运会马拉松赛场上，赤脚运动员贝基拉为他的祖国赢得了一块沉甸甸的金牌。后来，在 1964 年的东京奥运会，虽然贝基拉刚动了一次手术，但三十二岁的他依然出现在马拉松赛场上，而且再夺金牌，成为奥运史上第一个蝉联这个项目冠军的选手。

有人问他是怎么做到的，贝基拉说：“一切都很简单，只要站在跑道上，就没有什么障碍可以拦住奔跑的雄心，就只管向前，再向前，一路向前地奔赴梦想的终点。”

不得不说，在梦想这条路上，我们都在努力着，努力向前奔跑。为的只是离开身后的那一片黑暗。不让黑暗把我们的内心吞噬。多少次，我们因看不到前方的路而迷茫地走在路上，多少次，我们因在黑暗中跌倒而不甘，哭泣，无助，甚至是绝望。尽管如此，我们都还是愿意奔跑，因为前方有阳光。

在华人导演中，李安无疑是一个标杆性的人物。从《饮食男女》《冰风暴》《卧虎藏龙》《断背山》到《少年派的奇幻漂流》，李安拍摄了各种不同的电影题材。但有谁知道李安大学毕业后，因没能找到一份与电影有关的工作，不得不赋闲在家。在这段长达六年的失业期，生活的全部都是靠他妻子的工资，而他就是全职家庭主夫。每天李安能做的就是目送他的妻子林惠嘉开车去工作，然后自己独自回家写剧本做家务。

终于有一天，李安实在是无法忍受这种生活，就瞒着他的妻子去当时的社区大学报名学电脑以改善自己的处境。那天他惴惴不安地送他的妻子，林惠嘉站在台阶上对李安一字一句地说，“李安，要记得你心里的梦想”。

那一刻，李安心里像突然起了一阵风，那些快要湮没在庸碌生活的梦想，像那个早上的阳光，一直射进心底。妻子上车走了，李安拿出包里的课程表，慢慢地撕成碎片，丢进门口的垃圾桶。毕竟，世间不缺少一个电脑员，却缺少一个李安。

1990年，李安完成了剧本《推手》，获台湾地区政府“优秀剧作”奖。该剧本不仅为李安赢得了四十万元奖金，而且使他获得第一次独立执导影片的机会。1992年，他亲自执导了他的第一部作品，将《推手》搬上了银幕。这部影片在台湾获得了金马奖“最佳导演”等八个奖项的提名，并获得“最佳男主角”“最佳女主角”及“最佳导演”评审团特别奖。此外，该片还获得亚太影展“最佳影片”奖。

由于《推手》的成功，李安再次获得了执导电影的机会。从此，李安的电影事业蒸蒸日上，成为当今国际影坛声名最盛的华人导演。

生活中，当我们遇到挫折时，或感叹命运不公时，坚持就是最明智的选择。一定要坚持下去，哪怕这坚持的道路是多么漫长，崎岖，我们要在心中点燃一盏灯，告诉自己：不要放弃，不要放弃。只要努力向前奔跑，总能看到暴风雨后的美丽彩虹。

你都没有坚持，还谈什么未来

每个人从小都有着远大的理想，憧憬着美好的未来，但随着年龄的增长，那些理想和憧憬中的美好却一天天离我们远去。不知道什么时候，竟然完全找不回它们了。到底是它们离我们而去，还是我们在忙碌的工作和生活中弄丢了它们？答案不说自明。如果你的梦想，抵不过自己心中的那些无力感或者自己本身的慵懒和浮躁，那你还谈什么未来呢？

我有一个朋友，从初中开始，就对文字产生了浓厚的兴趣，经常写些东西。十年里从未间断看书写字，但一直到大学毕业，依旧未发表过一篇文章。虽然四处碰壁，但他从来都没有觉得要放弃过。他觉得关于写作这件事，是自己在跟自己说，把自己写给自己听。无关名利，无关生活。

大学毕业后，逐渐有不同的人看到他，向他约稿。虽然他现在依旧还只是一个小作者，但是这条路走了这么久，终于从一条泥泞小路走上了康庄大道。相信他能一直坚持下去，在不久的将来，肯定会走出不一样的风采。

可见，那个想象中光辉灿烂的未来，并不会在拐角处就安稳地等候着你的到来。每一个明媚的未来都是在前半个过程中跌跌撞撞一点一滴地坚持中得来的。你都没有坚持，还谈什么美好的未来。如果你对自己下不了狠手，就轮到生活对你下狠手，你生活中偷的那些懒，荒废的那些时间，就像多吃的那些苦一样，某一天会用特别的方式回报你。

人活着，都想活出个样，给自己、给他人看看。活出个样，证明了你的能力；活出个样，体现了你的人生价值；活出个样，不枉人世走这一遭。但要想活出个样，必须要坚持不懈，必须有一定的毅力，认准了一件事，无论山多高水多深，都要咬紧牙关，努力坚持。

一百多年前，有一位穷苦的牧羊人以替别人放羊为生。有一天，他带着两个幼小的儿子赶着羊来到一个山坡上，一群大雁从他们头顶飞过，很快便消失在远方。

大儿子眨着眼睛羡慕地说："要是我也能像大雁那样飞起来就好了。"小儿子也说："要是能做一只会飞的大雁该多好啊！"牧羊人沉默了一会儿，然后对两个儿子说："只要你们想，你们也能飞起来。"

两个儿子试了试，都没能飞起来，他们用怀疑的眼神看着父亲，牧羊人说："让我飞给你们看。"于是他张开双臂，但也没能飞起来。但牧羊人肯定地说："我因为年纪大了才飞不起来，你们还小，只要不断努力，将来就一定能飞起来，去想去的地方。"

两个儿子牢牢记住了父亲的话，并一直努力着。等他们长大后果然飞起来了，因为他们发明了飞机。这两个人就是美国的莱特兄弟。

许多人梦想着各种美好的未来，却从不付诸行动，或者付诸行动了，遇到困难便退缩。这种做法是不可取的，因为在这个世界上从来就没有一蹴而就的事情，没有相应的付出，哪里能够得到更加丰厚的回报，如果你连最基本的坚持付出都做不到，又怎么能够企及到自己想要的未来呢?

尽管不是每一次努力都会有收获，但是每一次收获都必须努力，这是一个不公平的不可逆转的命题。当幻想和现实面对时，总是很痛苦的。要么你被痛苦击倒，要么你把痛苦踩在脚下。我们一定要有自信，自己就是一道风景，没必要在别人风景里面仰视。

最重要的是跑完，而不是刚开始跑得有多快

在生活中，我们总爱说一句：算了吧。这句话出现的频率越高，我们一事无成的可能性就越大。要知道，不管做什么事，只有坚持下去，才能取得最后的胜利。骆驼虽然走得慢，但终能走到目的地。所以，坚持梦想、坚持奋斗不仅是无悔人生的风帆，也是成就辉煌人生的灯塔。

或许每个人心目中的成功者都不一样，有人认为成功者就是历史上或现实中的英雄人物，有人认为成功者是某些著名的企业家、发明家、劳模、球星、影星，有人认为成功者是身边的上司或同事、朋友，也有人认为成功者就是自己。

尽管我们判定成功的关键性要素千差万别，但仔细观察与分析一下便会发现他们拥有惊人相似之处，几乎每一个人都有不达目的誓不罢休的坚强毅力。成功的人与失败的人只有一个区别：是否能够做到顽强和坚韧。

尽管人生不如意十之八九，但成功者们面对困难时很少低头，更很少放弃，只要认准目标他们将会竭尽全力，坚持不懈直至成功。在成功者的字典里没有失败，更没有放弃，只有永不言弃。

有这样一个演员，他从小就是一个令人担忧的孩子，还在妈妈肚子里的时候就是一个胎盘前置的胎儿，还好最后母子平安。

小时候他怕生怕羞，表演集体操的时候目光呆滞，举止僵硬，就这

样的一个人，却告诉他父亲，他要当演员，要去演电影。后来，在影视学校考试时，面试官一看他就觉得这人长得就让人觉得别扭，很滑稽，瘦巴巴的，没有一点演员的气质。但他不死心，在电影制片厂工作的父亲告诉他要演好戏，一定要多观察，多体会生活。

经过多年的蛰伏，经过漫长而艰辛的坚持和奋斗，最后他在 1994 年凭借一部《活着》获得了第 47 届戛纳电影节“最佳男演员”的殊荣，这也是中国第一位戛纳影帝。而后与冯小刚合作的贺岁片系列，更让他一跃成为国内炙手可热的明星。他就是著名演员葛优。

漫漫人生路，有欢笑有泪水，有成功有挫折，但是人生最非凡的意义在于我们能突破困难险阻，能逾越高山鸿沟，而这一切都来自于我们对自己内心的坚持。对于我们每个人来说，最重要的是跑完，而不是刚开始跑得有多快。

美国前总统柯立芝在其晚年的人生回忆录中写道，“世界上没有一样东西可以取代顽强和坚韧。才能不可以——怀才不遇者比比皆是，一事无成的天才也到处可见；教育也不可以——世界上充斥着学而无用，学非所用的人；只有顽强和坚韧，才能无往而不胜。”

当我们放眼人生，在我们面前的是一条更宽阔更汹涌澎湃的生命长河。生活中的逆境，其实是上帝帮你淘汰竞争者。失败者往往是只有五分钟热度的人，而成功者往往是坚持到最后五分钟的人。坚持梦想，坚持奋斗，或许，你非凡的人生就在这每天点滴的坚持中铸就辉煌。

不要在乎刚开始跑得如何，我们有充分的理由相信：只要我们认准目标，坚定信念，怀着“咬定青山不放松，立根原在破岩中。千磨万击还坚劲，任尔东西南北风”的执着精神，坚持不懈地努力，就一定可以取得成功。

第十三章

一路坚守，一路向前，没有到不了的明天

平凡的世界，平凡的人生，每个人都以一种坚韧的姿态行进，活着更多的是一种责任、一种担当。我们都拥有同一片天空，同一个生活态度，那就是坚强。这个世界有时很残酷，可是我们有一颗坚强的心，让我们无论面对什么，都能挺直脊梁。你若不勇敢，谁替你坚强。人生路上虽然有风有雨，到处是荆棘丛生，只要我们去奋斗，去拼搏，就一定会有鲜花和掌声在等待着我们。

辱没是一种力量，谢谢你曾看轻我

人生百年，几多风雨，几多辛酸，几多屈辱，甚至好多人都有刻骨铭心而又终生难忘的屈辱。没有人希望自己的人生是曲折的，但只有历经酸甜苦辣的沧桑，方显人生的价值。不经风雨怎么见彩虹，忍得了屈辱才能成就大事。

一位伟人曾经说过：人就是要压的，像榨油一样，你不压，是出不了油的。屈辱让我们更加深刻地体味人生，感受到在顺境中无法领悟的真谛，拓宽我们的人生视野。

我的耳边经常回荡着这句歌词："海阔天空在勇敢以后，要拿执着将命运的锁打破。冷漠的人，谢谢你们曾经看轻我，让我不低头更精彩地活。"的确，辱没是一种力量，你要学会感谢那些曾经看轻你的人。

那些辱没你的人，让你感到不舒服的人，在你的生命中川流不息，让你应接不暇，他们像一根根尖锐的刺扎在你的皮肤里，让你隐隐作痛，让你暴躁如雷，甚至怀恨在心。

你的亲人，你的敌人，你的老板，你的同事，你的爱人，你的对手，他们有的是满怀善意，有的是心怀鬼胎，这些让你又爱又恨的人们，在你的生命中设置了一个又一个障碍，让你不得不打起精神，拼尽全力地赶路。

这些辱没你的人是你人生路途上预示着磨难的危险信号，他们会让你感到羞愧愤怒，让你咬牙切齿痛不欲生。然而，终有一天，当你站在人生的下一个站台回望时，所有曾经承受的委屈和压力都将释然，你会发现他们是你发挥潜能、全力以赴的动力，让你一次又一次地突破自我，让你的人生拥有更多的可能，他们才是你最应该感激的人。

在美国，有一位叫马丁·库帕的大学生到多家公司面试，都没找到工作。在弹尽粮绝时，他决定去乔治的公司试一试。

库帕是一位无线电爱好者，非常崇拜无线电界的资深人士乔治。如果能够面试成功，他肯定能够学到很多东西，成为像乔治一样的人。

当库帕敲开乔治的房门时，乔治正在专心研究无线电话，就是我们现在常用的手机。

库帕小心翼翼地站在乔治面前，说："尊敬的乔治先生，我很想成为您公司的一员，如果能够当您的助手，那就更好了。当然，我不求待遇……"谁知，还没等库帕说完，乔治便粗暴地将他的话打断了。

乔治用不屑的眼神看了库帕一眼，说："请问你是哪一年毕业的？干无线电工作多长时间了？"

库帕坦率地说："乔治先生，我是今年刚毕业的大学生，虽然还没干过无线电工作，但是我很喜欢这项工作，我相信我一定能干好这份工作的。"

乔治粗暴地对库帕说："年轻人，你回去吧，我不想再见到你了，也请你别再耽误我的时间。"

眼见无望得到这份工作，库帕平静地说："乔治先生，您现在是在研究无线移动电话吗？也许我能够帮上您的忙。"

虽然对库帕猜出自己正在研究的项目而感到惊讶，但乔治还是觉得面前的这个年轻人太幼稚，所以他坚决地下了逐客令。

最后，库帕说："乔治先生，终有一天，您会正眼看我的。"说完便头也不回地离开了。

不久，库帕在摩托罗拉公司谋到了一份工作，而且成功研制出了无线移动电话——手机。这是乔治怎么也想不到的。

现在，手机已成为人们日常生活中不可缺少的通讯工具，而马丁·库帕的大名也被人们所熟知。有记者采访库帕时问："如果当时您被乔治收留，您肯定会协助乔治完成手机的研制，是不是？"

库帕回答让人很意外，他说："不，如果当时乔治收留了我，我们也许永远也研制不出现在的手机来。正因为他拒绝了我，掐断了让我想向他学习的念头，所以我才重新开辟出了一条研制手机的道路，并且取得了成功。那条道路的名字就叫屈辱，我将乔治对我的污辱化成了前进的动力。如果没有这种动力，我跟乔治联手也不一定能成功。"

生而为人，被轻视是常事，这大概也是生活在社会底层的人们的共同感受。高层次的人同样也会受人轻视，不管你是能文还是能武，照样有瞧不起你的人，虽然这种事少，但无论对谁，轻视无疑都是一个挑战。

忍一时风平浪静，退一步是海阔天空。只要不忘记自己的最终使命，忍一时也可能是你成功的阶梯，同时也是你度量的体现。所以，我们要能承受别人的嘲笑，这是一种雅量，也是一种能忍的标志。

当你感觉有些人是你无法原谅的，或者你对他的所作所为感到无法忍受，不要急着下结论，无论是何种原因的折磨，时间都会让它变得无足轻重，而经历了这些折磨的你，会变得更加成熟。

感激辱没中伤你的人，因为他砥砺了你的人格；感激伤害你的人，因为他磨炼了你的心志；感激鞭打你的人，因为他激发了你的斗志；感激遗弃你的人，因为他塑造了你独立的人格；感激绊倒你的人，因为他强化了你的双腿。

我们要怀着一颗感恩的心，凡事学会感激，感激一切使我们成长的人！

你若不勇敢，谁替你坚强

平凡的世界，平凡的人生，每个人都以一种坚韧的姿态行进，活着更多的是一种责任、一种担当。我们都拥有同一片天空，同一个生活态度，那就是坚强。这个世界有时很残酷，可是我们有一颗坚强的心，让我们无论面对什么，都能挺直脊梁。

在人生旅途中，我们经常会感到迷茫和胆怯，踌躇而不知如何前行，甚至害怕跌倒和失败，害怕被社会打磨得过于世故圆滑，害怕成为曾经自己最讨厌的那种人。人都是脆弱的，但决不能懦弱。宁愿华丽地跌倒，也不做无谓的祈祷。做内心强大的自己，做人生中的强者。

不管是一个人闯荡，还是一个人流浪，我们都应该坚强起来，勇敢起来，去追寻自己想要的幸福。哪怕是假装，也要用微笑坚强。看不到方向的时候，就低头做事，等你抬头的时候，就会发现其实你有不一样的天空。

美国作家塞缪尔·厄尔曼在名篇《青春》中说，“青春不是年华，而是心境。”勇锐盖过怯弱，进取压倒苟安，是青春的本色。如果总是畏缩不前，青春便会迅速老去。阻挡青春老去的最好办法，便是做一个充满激情与能量的勇者。

曾经有首歌是这样唱的：“每一次都在徘徊孤单中坚强，每一次就算很受伤也不闪泪光。”我们的生活，并不是每天都晴天，都充满阳光，有时它也会刮起狂风，下起暴雨，让你失魂落魄。人生难免遇到危险与陷阱，但你若不勇敢，谁又能替你坚强呢？

人人都有低谷的时候，上帝为你关了一扇门，总会为你打开一扇窗。人生祸福相依，拨开云雾总会有太阳，没有人会事先知道人生的结局。且行且歌且面对，我们是自己生活的主角，自己要给自己一份信念，我们每个人都在挣扎中撰写自己的人生。相信你的坚强，就是你幸福的良药。

莎士比亚曾说："患难可以试验一个人的品格；非常的境遇方才可以显出非常的气节；风平浪静的海面，所有船只都可以齐驱竞胜；命运的铁拳击中要害的时候，只有大勇大智的人才能够处之泰然。"冰心也曾说："成功的花儿，人们只惊羡它现时的美丽。当初它的芽儿浸透了奋斗的泪水，洒遍了牺牲的细雨。"一个人在遭遇磨难时，如果还能用奋斗的英姿与之对抗，他就是勇敢者，他的人生就是精彩的。

勇敢者都有一种乐观的心态，心中充满希望。他们不因遭遇黑暗而颓唐，不因遭受委屈而抱怨，当机会来临之时，他们第一个紧紧抓住。勇敢者都不在意一时的得失。他们心存高远，豪气干云，仗剑天涯。勇敢者都敢于不断否定自我，突破自我的局限，面对不平与挑战，勇敢为之，不以小疵掩其大醇。

没有挫折的人生就不能称其是完美的人生，只有见风雨，才能见彩虹，既然生活不相信眼泪，就微笑着把它擦拭掉，勇敢无畏地去面对任何磨难。生命的承受能力，其实远远超过我们自己的想象。每个人生下来都是脆弱的，只有经历风风雨雨的磨炼，我们才会有钢筋铁骨，才会有坚强的称谓。百变人生，相信我们就是奇迹。

当你感到痛苦时，请坚强一点，相信总有那么一天，你会看见，蓝蓝的天，白白的云，还有你嘴边甜甜的微笑……抬头望望天，那是雄鹰直刺云霄、划破苍穹的壮美；低头看看地，那是芳草茁壮成长、自强不息的坚强。

你若不勇敢，谁替你坚强。人生路上虽然有风有雨，到处是荆棘丛生，只要我们去奋斗、去拼搏，就一定会有鲜花和掌声在等待着我们。

跌倒不要紧，爬起来再哭

人人都有美好的梦想，但是梦想毕竟不是现实，每一个理智的人都会客观冷静地面对生活中的种种不愉快。绝望的人却经常生活在梦想的虚幻之中，他们在生活中完全按照自己的梦想去追求完美的结局，不能随现实的具体情况而改变自己的态度与行为方式。他们按照自己的梦想要求社会，要求环境，要求他人，这当然是难以如愿的。因此，他们常常在自己的梦想与现实发生矛盾时产生挫折心理。

随着生活节奏的加快，生活标准的提高，人遭受挫折的机会越来越多，人的脾气也变得越来越不好捉摸，甚至有人拿自己的生命当作儿戏。其实，在人生的路上摔跤的并不仅仅是我们，那些将生命的火焰燃烧得最盛的人，也同样有着自己的挫折与艰辛。不过，挫折在他们身上反而成为了成功的养分。生活总是会给人罩上阴影，那些能够走出阴影的人，最终都成了天才。

夏奈尔曾被寄养在孤儿院里，独自挣扎在生活的最底层；村上春树在大学里表现平平，完全不能展现人们眼中优秀学生的素质；马尔克斯曾经被资深编辑说改行；罗丹数次投考艺术学校都被拒之门外；朱德庸被人当傻子，像皮球一样踢来踢去，没有一家学校肯收留他；福特开办汽车公司曾两次破产失败；丘吉尔当财政大臣时曾因一窍不通而被人讥笑……

读着他们的故事，我们还在挫折中抱怨命运吗？

很多时候，磨难的降临是不会事先打招呼让当事人做好准备的，而是以飞来横祸的姿态从天而降，有时甚至从你降临人世、懵懂无知的时候就伴随着你，让你从初涉人世就要接受它的磨砺。面对让人沮丧的境遇，很容易让人产生得过且过的心态，并在困境中沉沦下去。是不是生在困境就会自然而然地走向沉沦呢？当然不是。

从生命价值的意义上看，我们经历过失败，表明我们已经具有了一双让人生飞起来的翅膀。就像恺撒所说过的那样：我来了，我看到了，我征服了。真正有价值的人，是在逆境中微笑的人。

风雨过后才会有彩虹，成功就是不停地跌倒。跌倒了，你不爬起来，而是坐在那里怨天尤人，路不会在你的脚下，只会在你的前方；跌倒了不要紧，爬起来再哭。大胆地往前走，路永远都是人走出来的。不管那条路是多么的艰辛，抬头挺胸，脚步依然前进。

有一位年轻人，从小就怀有一个梦想，希望自己能够成为一名出色的赛车手。长大后，他才知道想做一名赛车手并不容易，没有一定的实力和经济基础是办不到的。虽然实现梦想比较难，但他没有放弃梦想，选择了在一家农场开车。

在工作之余，他一直坚持参加业余赛车队的技能训练。每逢遇到车赛，他都会想尽一切办法参加。虽然没有取得好的名次，也没有什么收入，而且还欠下了一笔数目不小的债务。但在如此窘迫的情况下，他依然抱着自己的信念不放弃，一如既往地坚持练习。

有一年，他参加了威斯康星州的赛车比赛。当赛程进行到一半的时候，他的赛车位列第三，他以为这次能获得好的名次。没想到，他前面的两辆赛车发生了事故，撞到了一起。他试图避开这场灾难，但由于车速太快，撞上了车道旁的墙壁。

当他被救出来时，手已经被烧伤，鼻子也不见了，全身烧伤面积达百分之四十。医生做了七个小时的手术，才把他从死神的手中拽出来。

虽然保住了性命，但手萎缩得像鸡爪一样。医生告诉他可能以后再也不能开车了。然而，他并没有因此而绝望。为了心中的梦想，他决心继续自己的赛车生涯。他接受了一系列植皮手术，为了恢复手指的灵活性，他每天都用残缺的手不停地抓木条。

后来，回到了农场，他用开推土机的办法使自己的手掌重新磨出老茧，并继续练习赛车。

九个月之后，他又重返了赛场，在一次全程二百英里的汽车比赛中，他得了第二名。两个月后，仍是在上次发生事故的那个赛场上，他满怀信心地驾车驶入赛场，最终赢得了二百五十英里比赛的冠军。

他就是美国颇具传奇色彩的伟大赛车手——吉米·哈里波斯。

如果在那次事故之后，吉米·哈里波斯一蹶不振或者怨天尤人，那么赛车场上就永远地少了这么一位优秀的赛车手。

人生路上那些大大小小的挫折，不正是一种惩罚吗？上帝惩罚你，并不是因为你犯了错误，而是为了最大限度地激发你的潜能。困难、挫折并不可怕，跌倒了，爬起来，梦想还在前方等着我们，把坑坑洼洼踩在脚下，披荆斩棘，朝着梦想出发，再大的风雨也阻挡不了我们。经历了一次跌倒，我们将获得一份成功，经历了无数次的跌倒，我们更应该向着成功挺进。

弯路不可怕，敢冲才不枉青春

两点之间，什么最近？你的答案一定是直线，因为这是我们从小就学习的。试试看，你能用一支铅笔，在纸上画一条完美的直线吗？也许你会说这太简单了。但如果你身边有放大镜，你且试着用放大镜看看，这条直线开始变得不堪一击，颜色很不均匀，边缘也很模糊，像是被狗啃过。如果你再看清楚一点，很多地方甚至不是直的。

张大春也做过类似的实验，他的形容很高明，“就像是饱濡墨汁的拖把刷过一片凹凸不平的卵石地面所留下的污痕一样。”其实，两点之间最近的那个距离，其实仅仅存在于人类的想象。直线是人类的发明，大自然没有直线，这很类似我们生命真正的轨迹。

成功者在外人看来是一帆风顺的，其实，只是看上去很美，其中坎坷又何足为外人道呢？因为没有自己走过，永远都不会明白的。

路遥在《人生》中引用了作家柳青的一段话：人生的道路虽然漫长，但紧要处常常只有几步，特别是当人年轻的时候。没有一个人的生活道路是笔直的、没有岔道的。有些岔道口，譬如事业上的岔道口，个人生活上的岔道口，你走错一步，就会影响人生的一个时期，甚至会影响一生。

可见，人生无直线，因为直线从不转弯。而转弯和改变，是人生必经之事。何况，我们不走点弯路，怎么知道什么是直线呢？

虽然道理很简单，但当遇到困难的时候，总会有人抱怨不公。如果不去解决问题，就很难成功，因为困难永远是自己去解决的。所以，面对任何困难的时候，一定要自己闯过去，这样才不枉青春。自己想好了做什么就立马行动，不要害怕走错路或走弯路。就算走到悬崖边，我们返回再走另一条路。

很多时候，我们会被一个问题困扰很久，想解决，但总是担心解决不了反而浪费时间和精力，索性就拖着，却又一直被困扰，心里很不爽。

有一个朋友在一个单位工作四五年了，因为公司经营不太好，一直没有发展空间。他每次和我聊到工作时都说工作没什么意思，想要跳槽，等等。

我说，那你就换个工作呗，很简单的事。可他又不想打破一直以来的宁静。因为现在的工作单位离家很近，很舒服。工作上没什么大的任务，还算比较清闲。还有，他最担心的是下一家工作也许还不如现在的这个。因为考虑的太多，所以他久久没有改变现状。

有一天，他所在的公司倒闭了，他才不得不重新找工作。

他以前的同事很早就跳槽到一家外企，现在这家外企扩大规模，需要招有资历的人，同事便把找工作的他拉了过去。待遇比原来翻了两倍，虽然公司离家远了点，但是高薪让他很满足。

如果这位朋友，能积极一点，不怕走弯路，没有那么多顾虑，敢向前冲，就不会耽误那么多时间，早早拿到高薪了。

有时候，困扰我们的其实就是一块看着巨大的石头，我们本来有能力把它搬开，但没有去搬，是被它的巨大吓住了。总是不断助长它的“士气”，让自己渐渐泄气，结果只让眼前的这块石头“越来越大”，最终丧失了前进的勇气。结果，这块石头就变成了我们的心病。而去掉这块心病，最好的办法就是把你那颗懦弱的心换成勇猛的心，要坚信弯路不可怕，敢冲才不枉青春。

在印度，流传着一个关于英勇母亲的故事。

印度很多村庄旁边都有河流，村民平时洗衣做饭都要到河里取水。有一天，一位母亲带着女儿到河边洗衣服，女儿在一旁玩耍，可是却没看到河里潜伏着的鳄鱼。结果，鳄鱼一跃而起，咬住了女儿的手臂，母亲听到哭声，赶忙过来拉住女儿的另一只手臂。

鳄鱼的力量很大，但母亲知道，只要自己一松手，女儿就会被鳄鱼吃掉。所以她用尽了全身的力气，坚决不放手。最终，那只鳄鱼放弃了争斗，松开大嘴，游回了河里。

虽然女儿的手臂残废了，但保住了一条命，而这位母亲也因此获得了“最英勇、最伟大的母亲”的称号。

有时候，生活就像一只鳄鱼，紧紧地咬住了你的手臂，眼看就要吞噬一切。这时你要有一颗勇敢的心，要坚持不松手，不要怕走弯路，勇敢接受现实的磨炼，就能最终成功实现自己的理想。

折腾吧，别让世界改变你的节奏

生活中，顺风犹如顺境，逆风犹如逆境。顺风容易跌倒，逆风能够全力前行。世上有多少人能够在逆境中顽强拼搏，最终成就一番事业；又有多少人在顺境中耽于安逸，结果找不到前进的方向。

孟子说得好："生于忧患，死于安乐。"顺境中不全是一帆风顺，逆境中也不是只有阻碍。逆风的方向，更适合飞翔。千万人阻挡不可怕，最怕的是自己投降。生活坏到一定程度就会好起来，因为它无法更坏。努力过后，我们就会知道许多事情坚持坚持，就过来了。

时光从不辜负努力的人。现在的伤痛有多深，以后的惊喜就有多大；要想看到不一样的精彩与美好，就要承受不一样荆棘与磨难。我们必须找到自己的生活节奏，只有出发才能到达，不出发哪里都去不了，出发才是最有意义的事情。

有时候，面对困难就像逆流而上，如果你选择放弃前进，那么就真的变成了阻碍，永远都在后退；而如果你尝试着用一些方法去战胜它，也许会失败，但也可能成功到达上游摘取胜利果实。

生活的艰辛，每个人都会有那么一段受尽折磨的日子，但是你在那些难熬的岁月里选择坚强面对，总有一天会拨开心中的云雾，看见那最美的阳光。

在四岁那年，他眼睁睁地看着一群荷枪实弹的士兵闯进他家，给他的母亲戴上手铐。年幼的他哭泣地拉着母亲的衣角，渴望能和母亲一起被带走，却被士兵推倒在地。她的母亲大声地朝他喊："别哭，你是男子汉，男子汉需要的是坚强，无论怎么样都不能哭，记住了，儿子，再苦再难都要等妈妈回来，千万不能放弃！"

他不知道明天该怎么过，也不知道母亲什么时候才会回来。他开始四处流浪，寒冷、落魄，甚至只能拼命地喝水来解除饥饿。无休止的磨难让他想到了死，每到此时他就对自己说："我不能放弃，我要等妈妈回来！"而此时，他的母亲在达豪集中营里被折磨得奄奄一息，用自己仅存的思念告诉自己永远不能放弃，儿子在等着她。

后来，他的母亲被解救，送往医院抢救。一个月之后，刚刚恢复了一些体力，母亲却固执地要出院，并且对医生说："我要去找我的孩子，他在等我，我不能再待在这里了！"

整整四年，他的母亲像无头苍蝇般疯狂地寻找，最后在一个街头的角落，他和母亲同时认出了对方。正发着高烧瘦骨嶙峋的他，努力地从嘴角挤出一丝微笑说："妈妈，我终于等到你了。"说完便晕了过去。

一个多月后，他终于缓过来了。后来他在母亲的带领下，投奔了在美国研究物理的哥哥，凭着他的努力和对学习的极大热情，在哈佛大学取得生物博士学位，开始了人类遗传学和生物的研究。

因为幼年那段苦难生活的磨炼，让他在自己的研究工作中即使遇到天大的困难，也从没有产生过放弃的念头，并最终在 2007 年获得了诺贝尔奖，他就是美国犹他大学医学院人类遗传学与生物学杰出教授——马里奥·卡佩奇。

如果当年，他放弃了，那么不仅对他的人生是一种遗憾，对整个科学界，对这个社会，也是一种莫大的遗憾。成功就是不断地挑战困境，在他人生的字典里，从来没有"放弃"这个词！

有人说，人生有两杯必喝之水，一杯是苦水，一杯是甜水，没有人能回避得了。区别不过是不同的人喝甜水和喝苦水的顺序不同，成功者往往先喝苦水，再喝甜水；而一般人都是先喝甜水，再喝苦水。

人生的过程都是一样的，跌倒了，爬起来。只是成功者跌倒的次数比爬起来的次数要少一次，平庸者跌倒的次数比爬起来的次数多了一次而已。最后一次爬起来的人被称为成功者，最后一次爬不起来或者不愿爬起来的人就叫失败者。

马云说：我永远相信只要永不放弃，我们还是有机会的。最后，我们要坚信一点，这个世界上只要有梦想，只要不断努力，只要不断学习，不管你长得如何，不管是这样，还是那样，男人的长相往往和他的才华成反比。今天很残酷，明天更残酷，后天很美好，但绝对大部分人是死在明天晚上，见不到后天的太阳。

所以，我们要认准目标，坚持到底，永不放弃。即使遇到一千次一万次困难也不放弃追求，不言失败，不退缩，不向命运屈服。

世界上没有什么事能永久决定一个人的悲喜成败，一时的失利是为了未来更好地爆发。每一个不曾起舞的日子，都是对生命的辜负。不要总说青春残酷，它其实温柔了你。

逆风起降的飞机比顺风起降的飞机更安全。痛过的青春比一帆风顺的青春更深刻。每段经历，都是一份礼物。在逆风的方向里，才会飞出倔强的辉煌。没有人在意你的青春，也别让别人左右了你的青春。再不尝试就老了，趁年轻，折腾吧，别让世界改变你的节奏。

一路坚守，一路向前

在最悲伤的时刻，不能忘记心中的信念；在最幸福的时刻，不能忘记人生的坎坷。我们需要坚定的信念，支撑我们去应对每一次困难的挑战，让我们的心不被各种诱惑蒙蔽。正如马云所说：为什么我的座右铭是“永不放弃”？因为这个世界上最大的失败就是放弃，放弃其实是最容易的。所以我想讲的是，活着就是胜利。这个世界上最痛苦的是坚持，而最快乐的也是坚持。

人的一生，就是一个不断奋斗的过程。在这个过程中，你难免要体会到种种酸甜苦辣的滋味，你会感到困惑，感到迷茫，甚至以为生命的价值不过如此，但是如果你对现实低头，对命运屈服，那么你的生命就会毫无意义。

希望是坚韧的拐杖，忍耐是旅行袋，携带它们，人可以登上永恒的高峰。无论什么时候，相信自己，不要轻易否认自己。有时候并不是多数人的意见就是对的，有时候，也许正义是站在你这边，要靠你自己去辨别。

午后，人们吃过饭，三五成群地在小区的那片活动区休闲娱乐，这时候，一老一少正在凉亭长椅上对弈厮杀，只见他们全神贯注、乐在其中，围拢观看的人也越来越多。

几番对阵厮杀过后，两军皆是伤亡惨重。年轻人显然占得主动权，而老者虽被动，但并无大损，且防守中也略有攻势。这个时候，年轻人开始在“车”和“马”之间举棋不定，该先“走马”，还是先“出车”，显然值得斟酌。

见年轻人开始犹豫，人群里便传出一句好心的建议：“走马啊，当然是走马！”即使如此，年轻人还有些下不了决心，大家这时候却表现出众口一词的态度来：“走马，只能是走马。”

年轻人这个时候却好像突然下定了决心，他想要“出车”了。人们看到年轻人如此地独断专行，开始七嘴八舌地劝说。年轻人终于被说动了，听从了大家的意见，真的走了马。这一“走马”，立刻被老者抓到了弱处，掉进了老者的陷阱，再也无法翻身了。一步错步步错，最后年轻人输掉了这盘棋。

这个年轻人要是当时能冷静地考虑，听从自己内心的决定，他就能成为这盘棋的赢家，这真是让人十分惋惜。

翻开成功人士的创业经历，我们可以发现：敏锐的观察力、果断的行动力和坚持的毅力是成功的必备要素。你可能有敏锐的目光去发现机遇，同时也能用果断的行动去抓住机遇，但是最后还需要用你坚强的毅力才能把机遇变成真正的成功。所以说，永不放弃是一个成功人士不可缺少的品质。

人们活着的信念，多半是为了得到赞美，获得更多人的承认。也许，有时候你觉得自己不够优秀，你的能力有限，你不能创造出更大的价值，不能像有些人那样体面风光，这个时候，你需要做的就是学会满足，真心热爱你的生活，你是你生命的主人，值得所有人尊重。

一路坚守，一路向前，接受能接受的，改变能改变的。这不是对命运的屈服，而是面对人生大起大落时的一种从容的态度。

在绝望中寻找希望，人生终将辉煌

心态不一样，看待问题的角度就不一样，结果也会不一样。我们虽然不可能改变三分钟之前发生的事情，但可以设法改变三分钟以后发生事情所产生的后果。如果你还在为现在的痛苦而备受折磨的话，不妨想一想以后，这个世界上不存在最不幸的人，只有最不幸的念头。那你又何必为了眼下的不快，而忽视风雨后的彩虹呢？

绝处逢生总是给人一种遥不可及的感觉，就像好莱坞的惊险电影一样，主人公眼看着就要被逼上绝路了，可是却突然出现了转机，或是化险为夷，或是柳暗花明，结局都是圆满的。虽然电影大部分都是虚构的，但很多人却忘了一点——每个人都是自己人生的导演。

二十世纪初，有一架飞机在太平洋上空失事，栽进了大海里，却有一个人奇迹般地生还了，流落到了一个孤岛上。他在岛上整整待了三年，最后被偶然路过这里的一艘轮船搭救。后来，记者采访这位“现代鲁滨孙”，问他经历了这场磨难后有什么感想。

他回答说：“飞机坠毁后，我居然活了下来，这很难想象。但周围除了大海还是大海，这个孤岛就像一个露天的牢房，你根本不用想着能逃出去。于是，我意识到自己只有先活下来。我想尽一切办法填饱肚子，然后绞尽脑汁思考怎样不会被风吹雨打。有一天，我终于有了一个感悟：如果我有新鲜的淡水可以喝，有足够的食物可以吃，那么就绝不会再抱怨任何事……”

有时，困境就好比孤岛，当你发现既逃不出去，也没有食物和淡水的时候，就容易感到绝望。但假如你有活下去的愿望，就会想尽一切办法寻找食物和淡水。绝处能不能逢生，靠的不是运气，也不是谁的怜悯，而取决于你愿不愿意。

古语有云：天将降大任于斯人也，必先苦其心志，劳其筋骨，饿其体肤，空乏其身，行拂乱其所为。所以，困境虽然是让人尴尬的，但却不是最让人绝望的。你一不小心让现实给绊了一下，也许这一跤让你摔得生疼，但却不必过于惊慌，因为你还活着。尽管腿可能磕出了血迹，手可能被划得伤痕累累，可你还能爬起来。

史铁生，在最狂妄的年龄断了双腿，他曾一度想到过死亡，但他最后还是战胜了绝望，理智地面对人生。他说：人生来就是一件不可辩证的事情。死是无须急于求成的。身在轮椅，心驰苍穹，对命运的抗击让他学会不再绝望。如果当初他选择了死亡，现在又有谁会记得这个在文学上有着巨大成就的人呢？

新东方的一句口号：在绝望中寻找希望，人生终将辉煌。这大概是新东方之所以能够成功的基石吧，因为，只有经历了绝望的希望，才会有真正的力量和美好的人生。

绝境只是一个过程，一定会有结束的时候。面对绝境，回避不是办法，挑战才有出路，昂扬向上的人能在绝境中捕捉飞逝的机遇，消极颓废的人会在绝望中走向堕落沉沦。从内心的奋斗开始，矢志不渝地前行，物我两忘地努力，绝境就会被我们甩在身后！因此，面对困境时，在保持平和与冷静的同时，也要用坚强和乐观来积极应对。

你要相信，没有到不了的明天

当生活带给你种种的不如意时，当你觉得处处碰壁时，别就此带上悲观的情绪，匆匆忙忙地为自己下定义，以为这一辈子再不能翻身。其实，生活中没什么不可能发生的事情，对于你，好的坏的，愿意的不愿意的，下一秒钟都有可能上演。只是，你抱着怎样的心态来面对，能不能看到危机中的那些转机。不会有世界末日，一切都会好的，只要你主动。

有的时候你的梦想太大，别人说你的梦想根本不可能实现；有的时候你的梦想太小，又有人说你胸无大志。不要在意别人的说法，未来始终是自己的，梦想始终是自己的，没有人会来帮你实现它。有梦想就去努力，因为现在不去努力，也许就再也没有机会了。

生活中，当你很轻易地用一堆理由和借口来搪塞自己将要面临的问题时，这说明你已经有了做错事的念头，此时你采取的是一种逃避错误的心理去应对问题，在这种心理暗示下你当然不可能把事情做好。

假如你在遭遇困难和挫折的时候，第一反应是把这当成一个自我挑战的开始，积极面对，那么你就会以高度的责任感去把它做到极致，也为自己的人生打造出一个美好的开始。

心有多大，舞台就有多大。人生就是这样，只要你敢想，你就一定能行。高峰只对攀登它而不是仰望它的人来说才有意义。跨过心理障碍，努力执着，只要敢于向前冲，你就能创造奇迹。

“不可能”只存在于自己的想象中，只要你具备了优秀的品质，只要你勇于锤炼自己的生命，你早晚会成功。

这个世界上没有什么不可能，每个人的脚下都有一条通往成功的道路，信念是一切力量的源泉。不得不说，信心能极大地鼓舞一个人的斗志，激发一个人的能力，勇气则是人生命中一股积极的力量。我们的信心越大，离成功的日子就越近。那么，如何建立起良好的自信呢？

1. 对自己有正确的认识

自信是建立在自知基础之上的，而且是正确的、清楚的自知。自我认识的目的在于发展自己、完善自己，我们在认识到自身的优点时，就要充分地表现自我，显示自己的能力和才干，以增强信心。同时，找到自己的弱点后，就要设法补救，用适当的行动和措施正确地弥补弱点，变不利为有利，以增强自己的自信心。

2. 不要过分追求完美

一个人如果过分追求完美，过分苛求自己，稍受挫折和失败，就容易危及对自己的信心。其实，每个人都难免会有缺陷，对于弱点、错误和失败，大可不必过分苛求，更不该轻率地否认自己。

3. 多鼓励自己

鼓励自己，相信自己能行是一种信念，也是一种力量。如果能经常积极地自我暗示，不断地渗透到自己人生的各个方面，便能撞击出生命的火花，培养出超级的自信心。

4. 以勤补拙，增强信心

自信来自勤奋，来自刻苦，来自付出。因此，要建立自信，必须积极向上，勤奋学习，开阔视野，善于接受新鲜事物，这是增强自信心的最好方式。

在我们身边，经常有些人因为害怕失败而不敢订出所要追求的目标，也有些人虽然订了目标却没多久就退缩了，当然还有些人在追求目标的这条路上走了漫长的一段路，可是因为欠缺毅力而在最后的一刻选择了放弃。

一个希望立刻能看到结果的人往往放弃得也快，但是一个有毅力且能坚持到底的人最终必会得到人生所要的。一切皆有可能，多给自己一些勇气和信心。长风破浪会有时，直挂云帆济沧海。我们心中坚定这样的信念，正视磨难本身，它也许并没有你想象得那么可怕。

你要去相信，一定要相信，没有到不了的明天。